水产品电子商务发展研究

马尚平 等 著

海洋出版社

2018年·北京

内 容 简 介

本书深入分析水产品电子商务选择中的影响因素及其影响机制，对在中国大力发展水产品电商的可行性进行评价。

主要内容：本书从水产品电子商务特点和发展的基本现状入手，分析各种典型电子商务模式在水产品电子商务应用中优势和不足，深入分析水产品电子商务选择中的影响因素及其影响机制，进而对在中国大力发展水产品电商的可行性进行评价。在此基础上，对水产品电子商务发展的重要问题展开专门研究，如垂直电商的运作机制及其在水产品中运营的优势，鲜活水产品电子商务发展环境及其模式选择，网销水产品质量保证体系建设等，并以舟山国际水产品城电子商务发展为例对水产品市场的电子商务发展模式选择进行研究。

本书特色：主要介绍在水产品领域的电子商务业务的发展。

适用范围：电子商务、市场营销、农业经济管理专业的广大师生、水产品市场研究者、水产品生产和经营的从业者。

图书在版编目(CIP)数据

水产品电子商务发展研究/马尚平等著.—北京：海洋出版社，2018.9

ISBN 978-7-5210-0176-1

Ⅰ.①水… Ⅱ.①马… Ⅲ.①水产品—电子商务—经济发展—研究—中国Ⅳ.①F724.726

中国版本图书馆 CIP 数据核字（2018）第 186587 号

责任编辑：张鹤凌 张罂嫘
责任校对：肖新民
责任印制：赵麟苏
排　　版：北京润鹏腾飞科技服务中心
出版发行：海洋出版社
地　　址：北京市海淀区大慧寺路 8 号（716 房间）100081
经　　销：新华书店
技术支持：（010）62100057

发 行 部：（010）62174379（传真）（010）62132549
：（010）68038093（邮购）（010）62100077
网　　址：www.oceanpress.com.cn
承　　印：北京朝阳印刷厂有限责任公司
版　　次：2018 年 9 月第 1 版
2018 年 9 月第 1 次印刷
开　　本：787mm×1092mm　1/16
印　　张：11.00
字　　数：250 千字
定　　价：42.00 元

前　言

2015 年 3 月 5 日，在十二届全国人大三次会议上通过的政府工作报告中首次提出“互联网+”行动计划。“互联网+”代表着一种新的经济形态，依托互联网信息技术实现互联网与传统产业的深入融合，以优化生产要素、更新业务体系、重构商业模式等途径来完成经济转型和产业升级。自“互联网+”行动计划提出以来，我国各行各业都加快了与互联网融合的进程，同时我国的经济结构又处在消费升级的转型期，居民消费追求呈现出多样化、个性化、高品质化、透明化和便利化等特征，因此电子商务呈现出爆发式增长。

在“互联网+”和消费升级的大环境下，形成了“互联网+水产品销售”这种新型水产品销售模式。它有利于满足消费者对获取便捷、质量安全、高品质、高透明度和高保鲜度水产品的需求，具有很好的发展前景。但是，由于鲜活水产品易损、易耗、易腐等特点，使得鲜活水产品保鲜难，运输难度大，物流成本高，容易受到储运条件和供给地域等因素限制，从而制约了水产品电子商务的发展，其发展速度相对缓慢。可见，企业进军水产品电子商务领域，机遇与挑战并行。

随着国家大力支持创新农产品销售渠道政策的逐步落实，互联网技术、保鲜技术、冷链物流等技术的不断发展并应用于水产品电子商务实践之中，水产品经营者探索选择利用互联网寻求新的销售模式——电子商务销售模式的积极性和可行性都将大为提高。电子商务销售模式通过互联网整合水产品流通渠道，为水产品经营者提供了多种可能的创新路径，不同的经营主体根据产品种类和自身优势可以创造性地选择合理的电子商务模式进行销售，必将突破水产品电子商务销售的瓶颈。特别是随着近年来各类综合型电商、垂直型电商、物流企业和线下生鲜超市等不断参与水产品零售中来，水产品电子商务销售模式将趋于多元化，未来电子商务销售模式将会更广泛地应用到水产品的销售中，促进水产品市场的改革与发展，更好地满足现代渔业生产和人们生活的需求。

本人在 2012 年主持完成的国家社科基金项目“城乡资源配置不均衡及其对策研究”中，已开始关注到互联网和电子商务对“三农”问题化解的重要作用，从这之后我们的研究团队开始将主要精力转向农村农业电子商务的发展及其对农村发展带动作用等方面的研究，与研究团队一道发表了一系列本研究领域的学术论文成果。2015 年 8 月本人与浙江省淡水水产研究所一同承担完成了浙江省海洋渔业局的委托课题“水产品电子商务销售模式可行性研究”的研究，课题于 2016 年 3 月结题。在调研中我们发现，在农村电子商务发展最快的浙江省，水产品电子商务相对于其他行业不论是发展规模、经营品种和发展速度都显得比较落后，但也有一批企业和经营者在不断尝试，其中不乏成功的案例，也给我们许多启示。随着研究项目的完成，近两年我们在此课题研究的基础上围绕水产品电子商务发展开展了更为全面的研究，本书将我们的研究成果全面呈现给读者，以期起到抛砖引玉的作用，供读者参考和批评。

本书的出版受浙江海洋大学出版基金支持，特此致谢！

研究课题的设计研究思路和书稿的总体框架由浙江海洋大学经济与管理学院教授马尚平担任，并完成第 1、4、5 章书稿写作。浙江海洋大学经济与管理学院张世龙教授为课题研究和本书的出版始终给予关注和不厌其烦的指导，并完成了第 2 章“水产品电子商务发展状况及特征分析”初稿写作；富芳、杨德荣、李蔚薇和孙娅贤在浙江海洋大学研究生学习期间，为本书的完成做了大量的研究工作，除协助课题研究外，他们的工作主要分别体现在第 3 章“电子商务模式在水产品中的运用与创新”、第 6 章“垂直电子商务模式在水产品销售中的运用与发展”、第 7 章“电子商务模式发展的水产品质量安全保证”和第 8 章“中国舟山国际水产城发展电子商务的案例分析”。在读研究生马硕在书稿版式整理和校对过程中也做了大量工作，在此对他们的辛勤劳动表示由衷地感谢！

由于电子商务的理论与实践日新月异，许多新的理论和成功经验未来得及梳理和总结，有可能会给同行带来意犹未尽的感觉，另外由于本人水平有限，书中可能还存在一些问题甚至是错误，敬请同行和读者海涵！

作者

2018 年 7 月 8 日

目　录

第 1 章 绪 论

1.1 水产品的分类及其特征

1.1.1 水产品的概念及其分类

水产品是海洋、江河、湖泊里出产的动物或藻类等动植物及其加工产品的统称。水产品市场一般将水产品分为“活、鲜、冻、老”（“老”指腌制品），市场价格也因种类不同而相去甚远。

按水产品种类大致分为鱼、虾、贝、蟹、藻五大类及其附属加工产品。按成长方式分类可以分为野生和人工养殖。从加工后的应用方式也可以分成食品、药品、保健品等。按来源分类又可以分成海水和淡水两大类。按市场销售成品可以细分为鲜活产品、冰冻产品、精加工产品、干品、腌制品等，本书所涉及的水产品主要是指具有鲜活性和易腐性的初级农产品。表 1-1 中所列是鲜活水产品的具体分类。

表 1-1 鲜活水产品分类表

来源渠道	种类	名称
海水	鱼类	大黄鱼、小黄鱼、黄姑鱼、白姑鱼、带鱼、鲳鱼、鲅鱼（马鲛鱼）、鲐鱼、鳓鱼、鲈鱼、鲱鱼、蓝圆鲹、马面鲀、石斑鱼、鲆鱼、鲽鱼、沙丁鱼、鳀鱼、鳕鱼、海鳗、鳐鱼、鲨鱼、鲷鱼、金线鱼及其他海水鱼类
	虾类	东方对虾、日本对虾、长毛对虾、斑节对虾、墨吉对虾、宽沟对虾、鹰爪虾、白虾、毛虾、龙虾及其他海水虾类
	蟹类	梭子蟹、青蟹及其他海水蟹类
	贝类	鲍鱼、泥蚶、毛蚶、赤贝、魁蚶、贻贝、红螺、香螺、玉螺、泥螺、栉孔扇贝、海湾扇贝、牡蛎、文蛤、杂色蛤、青柳蛤、大竹蛏、缢蛏及其他海水贝类
	其他海水动物	墨鱼、鱿鱼、章鱼

续表

来源渠道	种类	名称
淡水	鱼类	青鱼、草鱼、鲢鱼、鳙鱼、鲫鱼、鲤鱼、鲮鱼、鲑鱼、鳜鱼、团头鲂、长春鳊、鲂（三角鳊）、银鱼、乌鳢（黑鱼）、泥鳅、鲇鱼、鮰鱼、鲈鱼、黄鳝、罗非鱼、虹鳟、鳗鲡、鲟鱼、鳇鱼及其他淡水鱼类
	虾类	日本沼虾、罗氏沼虾、中华新米虾、秀丽白虾、中华小长臂虾及其他淡水虾类
	蟹类	中华绒螯蟹及其他淡水蟹类
	贝类	中华圆田螺、铜锈环棱螺、大瓶螺、三角帆蚌、褶纹冠蚌、背角无齿蚌、河蚬及其他淡水贝类
	其他淡水动物	鳖（甲鱼）、牛蛙、棘胸蛙、蜗牛

1.1.2 水产品的产品特征

1）水产品养殖和捕捞具有季节性和区域性的特征

鲜活水产品养殖和捕捞具有季节性和区域性特征，养殖和捕捞受气候、季节与水体环境的影响较大，尤其以季节捕捞的鲜活海产品更为明显。我国沿海的渔场大致可分为10个：石岛渔场、大沙渔场、吕泗渔场、舟山渔场、闽东渔场、闽南-台湾浅滩渔场、珠海口渔场、北部湾北部渔场、西沙群岛渔场和南沙群岛渔场。各渔场主要沿我国近海大陆架分布。所处的相关区域位置不同，各渔场休渔期、捕捞时间和捕捞对象也各不相同，各水域休渔期时间表见表1-2。捕捞的季节性决定了鲜活水产品上市有明显的淡旺季之分，从而决定了鲜活水产品供给的季节性，鲜活水产品的数量和品质因季节的不同而明显的不同，这一特性也决定了鲜活水产品产地和销地分离，需要进行较长距离的运输和保鲜，才能到达消费者手中。

表1-2 中国各水域休渔期时间表

相关区域	休渔时间
渤海湾及黄海北部海域	5—8月
黄海及东海北部海域	5—9月中旬
东海南部海域	5—8月中旬
南海和北部湾海域	5—8月中旬
太湖水域	5—9月中旬

续表

相关区域	休渔时间
鄱阳湖水域	3月中旬—6月中旬
长江水域	3—7月
黄河水域	5—8月
珠江水域	3—6月
黑龙江水域	5—6月

数据来源：《农业部关于长江干流禁止使用单船拖网等十四种渔具的通告（试行）》

2）水产品具有易死亡、易耗、易腐蚀的特征

鲜活水产品离开生活的水体环境极易死亡，导致其运输难度大，保鲜时间短，易腐烂变质。所以鲜活水产品运输过程中对于物流时间、物流距离和运输条件等都有极严苛的要求。比如，在运输的过程中搬运、装卸的次数要尽量少，而且尽可能缩短运输距离和完善运输条件，才能最大限度保持其鲜活性；此外，水产品在运输过程中易死亡、易耗、易腐蚀的特征也加大了水产品经营的风险，如果物流出现延迟或者库存出现积压，极有可能给水产品企业造成较大的经济损失。

3）水产品具有品种多样和标准化困难的特征

由于消费者比较重视鲜活水产品的质量安全和品质高低等因素，但是单个鲜活水产品尺寸大小、新鲜度、品质都不相同，运输过程中水分减少导致重量减少，都使得鲜活水产品的标准化变得非常困难。由于我国水产品市场存在严重的信息不对称问题，消费者和经营者很难根据所掌握的信息快速判断鲜活水产品的质量安全和品质高低，从而增加了购买和经营的难度。

在电子商务模式下，鲜活水产品的网购消费群体的特点决定了网销产品的定位，因此首先，要保证网销鲜活水产品质量、价格、供给的稳定；其次，网销的鲜活水产品要选择有特色的、优质的、安全的、便利的产品方向发展，这也是网销鲜活水产品的基本特性。线上无论怎样宣传和承诺，产品质量达不到消费者对产品的基本要求，客户体验差、复购率低，就不具备电子商务化的条件。

良好的网购体验是电子商务模式能否生存、发展的关键。目前通过电子商务销售的鲜活水产品主要包括鱼类、贝类、虾类、蟹类及其他产品，特别是一些附加值高、品质高，具有区域特色的产品，如阳澄湖大闸蟹、舟山带鱼、石斑鱼等；网销进口产品主要为我国消费者喜欢的特色优质海鲜，如三文鱼、鳕鱼、龙虾等。

网销的鲜活水产品最大问题是产品难以标准化。一是鲜活水产品生产过程难以标准化。这主要由于养殖户数量众多，生产管理分散，组织化、集约化程度低。并且环境、水体、气候、病害等各类不可控因素也使得标准化困难重重。药物的使用种类、剂量等也使得产品的质量难以实现统一、规范和可测量。二是鲜活水产品自身难以标准化。相对于经过分级、宰杀、包装等加工水产品而言，一些鲜活水产品的规格、品质等方面的标准化程度较低，消费者购买标识相同的水产品，每次的重量和大小都可能不一样，不利于良好客户体验的形成。

4）传统水产品销售具有供给和需求分散且中间环节多的特征

从整个鲜活水产品供应链的需求端来看，消费者对鲜活水产品的需求较稳定，鲜活水产品为需求弹性较小的生活必需品。尽管如此，但是需求端的消费者数量众多，多数终端消费者是分散的个体消费者，并且消费者对产品的需求也是分散而多样的。从供应链的供给端看，鲜活水产品的供应者较多，多数为分散的个体养殖户和渔民等，这些供给者规模小，加工保鲜技术落后，供给分散。我国的传统鲜活水产品销售渠道一般通过各级批发商、零售商等中间商来对资源进行调配，导致中间流通环节多，如图 1-1 所示。

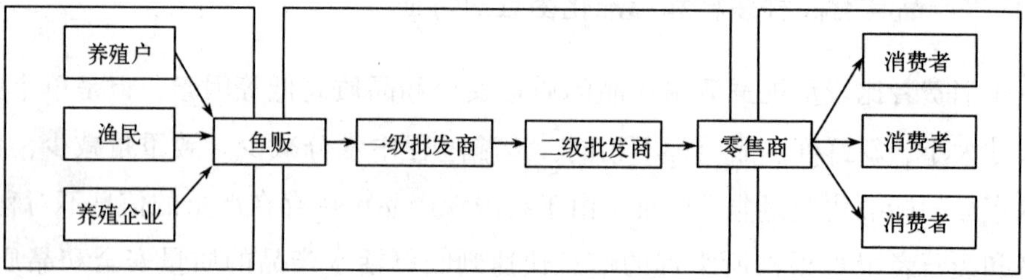

图 1-1　水产品产业链格局图

1.2　水产品电子商务及其模式的概念

1.2.1　水产品电子商务的概念

电子商务源于英文 Electronic Commerce（EC），其内容主要包括两个方面：一是电子方式，二是商贸活动。电子商务是一个发展的概念，目前尚未形成一个全面且权威性的定义，不同研究机构、组织、学者等给出的定义各不相同。

(1) 联合国经济合作与发展组织(Organisation for Economic Co-operaion and Development, OECD)的定义:电子商务是发生在互联网上的包含企业之间(business to business, B2B)、企业和消费者(business to consumer, B2C)之间的商业交易。

(2) 加拿大电子商务协会给出的电子商务定义:电子商务是通过数字通信进行商品、服务买卖及资金的转账,还包括公司间和公司内利用电子邮件(E-mail)、电子数据交换(Electronic Data Interchange, EDI)、文件传输、传真、电视会议、远程计算机联网所能实现的全部功能(如:市场营销、金融结算、销售以及商务谈判)。

(3) 2007年,国家发展和改革委员会、国务院信息化办公室联合发布了《电子商务发展"十一五"规划》。首次明确指出电子商务是网络化的新型经济活动,即基于互联网、广播、电视和电信网络等电子信息网络的生产、流通和消费活动,而不仅仅是基于互联网的新型交易或流通方式。电子商务涵盖了社会不同经济主体内部和主体外部的经济活动,体现了信息技术网络化应用的根本特性,即信息资源高度共享、社会行为高度协同所带来经济活动的高效率和高效能。

电子商务是指将互联网、信息技术运用至商品交换领域,包括电子交易、市场分析、商品管理、物流管理、资源规划、数据挖掘等在内的企业商业决策支持服务的商务活动,其本质实际上是一种商品交换行为。电子商务的发展会受到各种因素的影响,比如行业政策环境是否宽松、互联网发展是否成熟、电子支付手段是否完善以及电子商务普及程度的高低等。

水产品电子商务的本质是一种水产品的交易方式,具体是运用信息技术改变传统的水产品交易方式,实现包括信息展示、网络交流、网络购物、电子支付和物流配送等一系列配套服务在内的商业活动。

1.2.2 水产品电子商务模式的概念

商务模式(business model)没有统一的定义,诸多国外学者对电子商务模式的定义不尽相同,但学者普遍认为一个完整的商业模式由四部分组成,即选择价值群体、价值网、资源体系,并最终获取利润。张磊(2011)认为施耐德(Schneider)电气(中国)商业模式是企业或经济组织选择战略群体,通过使用企业资源向价值群体提供比竞争者更大的价值从而获得利润,是商业运作的外在形式,却能体现事物隐藏的本质规律。选择适合的商务模式对企业或经济组织来说意义重大,适合企业的商业模式能够提高企业的核心竞争力,使企业获得成功。雷波特(Rayport)指出,每一种商务模式仅在短时期内有效,并且其有效性取决于实践中它所取得的成就。

电子商务模式作为电子商务项目运行的秩序,是指电子商务项目所提供的产品、服务、信息流、收入来源以及各利益主体在电子商务项目运作过程中的关系和作用的组织方式与体系结构。

电子商务模式有两个层次的理解。

第一个层次的理解是，电子商务模式是有别于传统商业模式的一种新模式，汪传雷等认为，电子商务是指所有利用互联网等相关技术来解决交易问题，降低交易成本，增加市场价值并创造新商机的商业经济活动。吴丘林认为，电子商务是运用计算机技术、互联网技术、通信技术进行的一种社会经济形态，它是利用现代信息技术实现管理模式、商业模式、组织结构的创新，使生产经营活动整个价值链发生巨大改变。

第二个层次的理解是，电子商务经过不断发展和创新产生了各种电子商务的具体模式，为了区别也可以将其称为电子商务运行模式。电子商务运行模式是指参与电子商务的各个环节的主体、客体之间的不同组织方式以及不同的结构。它体现了电子商务项目现在如何获利以及未来长时间内的发展计划。

根据交易主体的不同，可以将电子商务模式分为以下几种典型模式：商家对商家的电子商务（B2B）、商家对消费者的电子商务（B2C）、消费者对商家的电子商务（C2B）、消费者对消费者的网上“拍卖”（C2C）、政府对商家的电子商务（G2B）、政府对个人的电子商务（G2C）、政府电子采购（B2G），以消费者为导向的电子商务（B2B2C）、企业内部的电子商务以及企业的电子商务租赁、托管、外包、联合等多种形式。

根据电商平台特征，可以将电商分为水平类（也叫综合类电商）和垂直类。水平类电商在经营品类上趋向于多品类，或者至少涉及两个以上大品类的产品，如京东，销售的产品有很多类，最初是家电类，慢慢延伸到图书音像、食品类、个护化妆等15个大品类，品类之间产品属性差异较大；垂直电商（即相对于水平类的纵向类电商）是细分出来的专营单一类产品及其相关或有关联产品的一系列服务的电子商务，市场定位在差异化、精细化和品牌化，如酒仙网只经营酒类产品，中粮我买网只经营食品。

根据交易所涉及的商品内容分类分为直接电子商务和间接电子商务。直接电子商务，通过互联网购买的商品都是无形的货物和服务，如教学视频、娱乐节目、网络游戏或者是全球规模的信息服务等。按电子商务应用的层次分类国际间的电子商务、国内企业间的电子商务、企业对消费者之间的电子商务。间接电子商务，又称有形电子商务，通过互联网购买的商品都是有形商品，如食品、日用品、家电等，购买的商品通过邮政服务、商业快递服务等物流渠道将产品送到消费者手中。

水产品电子商务与传统营销模式比较两者有本质上的区别，水产品电子商务营销是在整合了传统水产品营销模式的基础上，集合互联网技术，把水产企业现有的资源再次进行了整合，并对各个环节实施监督，从而使得水产企业的人事管理、营销管理、客户管理、物流信息管理能够有条不紊。在电子商务模式下，更强调IT系统和供应链的整合，这样才能实现对线上线下全程监控，提高企业的整体形象和服务质量。市场营销理论是解决在合适的时间和地点，用最适宜的方式将适宜的产品销售给客户的问题，它以实现交易、获得收益为终极目标，而电子商务销售就是将提供便利服务作为风向标，利用互联网信息的流动性和共享性完成销售。

水产品电子商务模式也同样具有第二个层面的各种具体模式的理解。

1.3 水产品电子商务系统要素及运营框架

1.3.1 水产品电子商务的系统要素

水产品电子商务系统要素主体包含渔业个体经营户、渔业企业、生产资料供应商、网络平台、信息、资金、物流、支付和产品质量安全保证体系等。

1）渔业个体经营户

渔业个体经营户从事养殖、捕捞、加工和水产品流通等生产经营活动，是农村电商的第一要素，如果没有农户供给农产品，就没有农村电商。我国渔业个体经营户提供了绝大部分的水产品供给，但经营呈现出小而散的特征，提供的产品规格、质量参差不齐。

2）渔业企业

渔业企业是水产品电商必然的衍生物，水产品电商发展的初始阶段，还没有企业的出现，有的只是渔户个人的网上买卖行为，当这种单纯的个体行为满足不了当前大量顾客的需求量时，企业就逐渐走到了前台。

3）生产资料供应商

生产资料是生产过程中劳动资料和劳动对象的总和，是任何社会进行物质生产所必备的条件，是网销水产品质量的重要保障，也为渔业生产主体通过电子商务高效低成本获得优质生产资料提供了渠道。所以生产资料供应商的角色在农产品电商领域里，重要程度不言而喻。

4）网络平台

网络平台是能够搭载各种电商活动的虚拟场所，现在的第三方电商平台首先是成熟的零售网商平台，如村村通等可用于农特鲜产品交易的平台；其次是综合类 B2B 电子商务平台，主要开展批发业务；最后是专业水产网站，在政府的支持下，我国已经陆续建立起一批专业水产网站，包括水产专业网站和地方政府的农业信息门户。

5）信息

自电子商务诞生就贯穿其全程，是农村电商区别于传统电商最大优势的体现，并能引导资金流正向流动。

6）资金

资金流作为电子商务三个构成要素之一，是实现电商交易活动不可或缺的手段。

7）物流

物流是水产品流通的物质基础，能在电子商务活动中加快商务进程，减少中间环节，降低交易成本，在提供全球化、个性化的服务过程中具有不可替代性。

8）支付

安全是保证电子商务过程顺利完成的必要条件，必须依靠技术手段、信用手段和法律手段来解决。电子支付是电商活动的关键环节，是电子商务发展到高级阶段的必然产物。在整个电子商务交易过程中，网上金融服务对安全环境的要求越来越高。

9）产品质量安全保证体系

产品质量安全保证体系是指是在特定的情况下，通过行政监管和检测，对区域内渔药供给、水产品生产和销售实行全封闭管理，积极推动水产品生产的标准化，从源头上管理水产品加工和储藏运输等环节，从而保证其质量和安全。水产品质量安全保证体系是网销水产品质量的保障系统，是网销水产品实现优质优价的前提，也是水产品电子商务大发展的必要条件。

1.3.2 水产品电子商务运营框架

经济活动是社会中一般要素的流动所形成的，在一般商务活动中，交易是围绕商流、信息流、资金流和物流来实现的。其中，商流是目标、信息流是过程、资金流是前提、物流是归宿。作为基于互联网信息技术的商务活动，电子商务同样需要经济要素的支撑。实践证明，支撑市场主体的人员流和信用流是农村电商完成交易的根本保障。在此基础上，以宏观政策法规、必要的技术支持和标准化为基础，合理的网站建设、安全的网上支付和完善的物流配送的共同作用下，才称得上是完整的电子商务活动。

基于水产品电商的特殊性，除了上述必要的人员流、信用流、信息流、资金流、物流和商流外，我们还需要必要的网络平台建设作为水产品交易场所，安全的网上支付平台为必要的交易保障，完善的适应水产品保质和运输的物流配送体系，来自政府必要的政策支持、技术支持和标准化扶持为支撑（图1-2）。

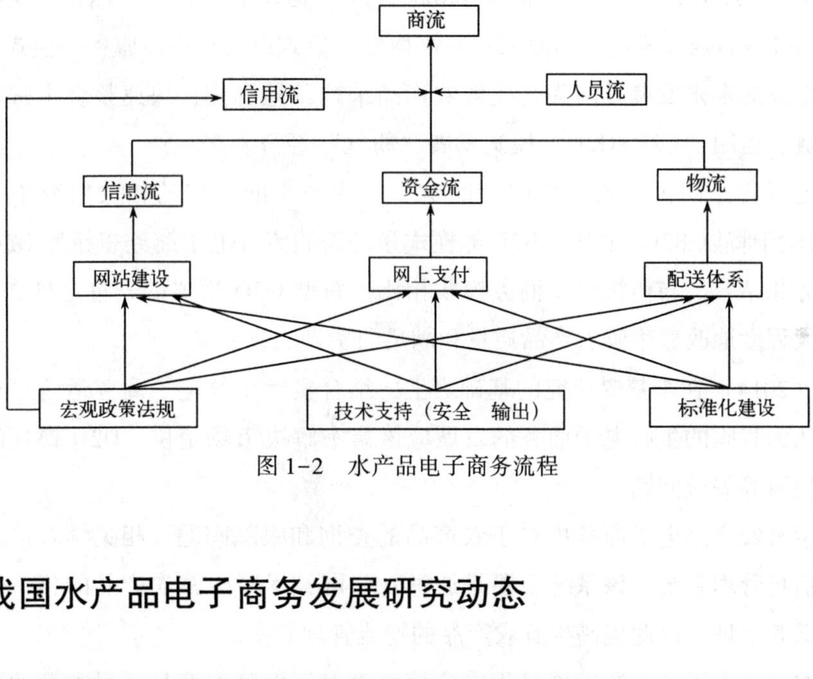

图1-2 水产品电子商务流程

1.4 我国水产品电子商务发展研究动态

1.4.1 生鲜农产品电子商务发展研究动态

水产品属于生鲜农产品范畴，关于生鲜农产品电子商务的研究，对水产品电子商务研究具有指导意义。针对水产品电子商务的研究理论较少，这类电子商务的出现是伴随着生鲜农产品电子商务模式发展而出现。一方面水产品电子商务模式依赖于生鲜农产品电子商务发展模式；另一方面水产品电子商务又独立于生鲜农产品电商发展模式。基本都是对水产品电子商务较简单和宏观的研究。我国生鲜农产品电子商务起步较晚，属于新兴事物，根据中国知网学术论文统计显示，学界对此关注度不高，并没有对其进行系统总结和理论研究，研究者对生鲜农产品电子商务从不同角度进行了研究，主要从消费者网购生鲜农产品行为、供应链管理、运营模式、物流配送模式、商务模式创新等方面集中进行研究。

刘景景（2016）等通过对影响网购生鲜农产品消费者的行为和网购频率等诸多因素进行模型分析，得出对生鲜农产品电子商务的购买行为起作用的因素有：性别、收入、对农产品新鲜度的重视程度、对朋友推荐的重视程度、对网上生鲜农产品质量认证标识的相信程度等。肖芳（2013）等认为，开展生鲜电子商务活动中供应链管理是决定成功与否的关键，生鲜电商分为综合性电商、垂直行电商、物流企业电商和线下超市四类，物流成本过高容易导致生鲜电商亏损。

程艳红（2014）通过分析美国 Farmigo 生鲜电商的在线农产品平台运营模式，Local Harvest 生鲜电商 O2O（online to offline，线上到线下）模式、Relay Foods“C2B（customer to business，消费者到商家）+ 快物流”模式以及快物流服务等模式，总结出我国生鲜电商的未来发展方向为与生鲜农产品采购基地合作，快速整合生鲜农产品上下游供应链，运用“C2B+O2O”模式发展“粉丝”经济。

关于电子商务销售模式在生鲜产品电子商务销售的运用的相关研究中，李梦蝶（2014）倾向于将以 B2C、C2C、B2B 等模式为代表的传统电子商务和新型 O2O 电子商务发展形势相结合。与传统电子商务模式相比，新型 O2O 模式的先进之处在于，O2O 模式能较大程度地改善生鲜农产品质量和满足消费者购物体验。

王昳（2014）在李梦蝶研究的基础之上，结合实际生鲜电子商务运营过程中遇到的阻碍，认为我国的生鲜电子商务的发展应该集中解决市场定位、O2O 模式的有效运用和冷链物流等关键问题。

有关生鲜农产品电子商务中对于农产品的查询和跟踪问题，相关学者提出建立生鲜农产品信息管理系统。该系统主要是通过互联网技术对生鲜农产品的相关信息进行存储、传送和处理，以此提高生鲜农产品的物流管理效率。

生鲜农产品电子商务在发展过程中应该注重对于保障农产品质量方面的研究。关于这一命题，相关专家学者从改善物流配送和构建物流评价指标体系两个方面进行研究。一方面是关于改善物流配送质量。为节省生鲜农产品的运输成本，提高运输效率，在冷链物流模式中运用“多温共配”方式，即将常温车辆运送和相关制冷介质相结合，以保证生鲜农产品的质量。另一个方面是关于构建物流质量服务体系。侯杰玲（2015）等综合相关物流质量模型，从时效性、服务性、信息性和经济性等方面选取指标维度，结合生鲜农产品冷链物流的发展现状，构建了生鲜农产品冷链物流服务评价指标体系以适应 B2C 生鲜农产品电子商务的发展。并对天猫商城生鲜农产品冷链物流服务质量进行实地实例分析。

沈坤华（2013）提出从政策扶植角度来实现提升生鲜农产品质量和完善冷链物流。政府应该注重对于生鲜农产品电子商务方面的法律法规的制定，优化对于生鲜农产品电子商务的资金投入。杜昕诺（2014）等总结出：我国生鲜农产品电子商务发展过程中存在资金链短缺问题，初始资金投入较大；较高的物流成本、生鲜农产品的损耗率较大；配送货物的效率较低，影响生鲜农产品的质量。根据生鲜农产品电子商务面临的制约因素，可以有以下具体措施：利用自营冷链配送改善供应链效率；对于相关品类的农产品进行集中经营，实现原产地采购的规模化；运用 O2O 模式，提高生鲜农产品的质量，最大限度地满足消费者对于生鲜农产品质量的需求。

1.4.2 水产品电子商务发展研究动态

关于水产品电子商务的研究，主要是依据目前电子商务销售模式的分类，论证分析适用于水产品、水产企业和水产产业领域的电子商务销售模式，我国水产品电子商务发展处于初级阶段，我国水产品电子商务模式的研究和探索仍处于初级阶段，多数研究领域主要集中于农村电子商务或者生鲜农产品电子商务，国内对于水产品电子商务的研究，主要是基于对传统电子商务发展模式和生鲜农产品电子商务的发展模式相结合。

管红波（2009）等通过总结研究我国现阶段水产品销售现状，结合电子商务经营模式，研究水产品电子商务的可行性，提出了对于水产品相关网站进行分类，实现水产品电子商务网站的分类式经营。这为后来研究水产品电子商务的发展奠定了基础。如何实现结合传统农产品电子商务发展实现水产品电子商务发展成为现阶段关于水产品电子商务研究的重点。水产品电子商务的研究从传统农产品电子商务的研究模式基础上发展而来，水产品电子商务解决的重点问题是需要将水产品的特殊性与电子商务发展的一般性进行结合。随着物流保鲜技术的不断提高，为实现水产品和电子商务提供了契机。

卢卫平、吴维宁（2004）分析了发展水产品电子商务建立网上渔市的意义，如给传统的水产品交易方式带来转型升级，促进水产品有形市场和无形市场有效连接。特别是在中国的水产品市场，虽然其消费交易总量已有相当规模，但仍然需要新的交易方式来改变现有格局。他们认为，提高水产企业信息化水平的关键手段是电子商务网络营销，建议水产品企业通过网络社区的作用与其他企业和客户保持良性沟通。

周全（2004）认真分析了中国的网上渔市的发展，将网上渔市的拍卖交易分为网络交流、网络拍卖、网络产品交易与电子支付等几种功能模块。通过上述功能模块实现渔业水产品电子商务。李梦蝶提出对网上渔市系统进行整合优化，在网上渔市进行交易的同时，加入在线咨询和洽谈功能，完善网上交易的服务质量；网上竞拍和方向拍卖，实现交易双方的竞争发展；简化在线交易和在线支付，提升消费者水产品电子商务的体验。周全的研究主要侧重于完善电子商务平台建设方面，促进了水产品电子商务的发展。

水产品贸易中，水产品贸易和水产品物流之间的关系是研究水产品电子商务模式的重点。李电生和王昳运用价值链原理和灰色关联法探讨水产品贸易和水产品物流之间的关系，在耦合关系中发现二者具有极其相似的关系。借此提出建设水产品贸易和水产品物流相互联系的开放性系统，该系统在维持水产品价值网的稳定性中发挥着重要作用。

李电生、夏国建（2010）在研究水产品贸易与物流的耦合性的基础上，对水产品企业电子商务策略及市场运作模式进行分析评价，并对传统水产品企业如何借助互联网贸易来降低交易成本提高生产率给出了建议和对策。

安森东、贾欣（2011）首先通过对中国渔业水产品电子商务的发展现状及制约因素进行分析，在对渔业水产品电子商务模式研究的基础上，提出了针对中国渔业发展水平不同地区的不同渔业水产品电子商务模式。

方奇敏（2012）分析指出现阶段舟山市水产品发展电子商务主要存在的四个方面的问题，分别是相关从业人员普遍电子商务观念意识淡薄、水产品的分级与评估体系不健全、交易信用保障难以及水产品物流配送还有待发展等；并根据舟山水产品企业电子商务发展现状提出了其良性发展的演变框架及其有效发展的对策。

1.5 我国水产品电子商务模式简况

1.5.1 水产品商务模式流程

水产品的电子商务模式不同于传统商务模式，但与传统的商务模式有密切的联系，因此，研究电子商务模式有必要先了解鲜活水产品传统的商务模式。目前我国水产品市场运行是农贸市场模式、批发市场模式、超市模式和正在兴起的电子商务模式。

我国水产品市场销售市场主要分为批发市场和零售市场。批发市场经营主体包括鲜活水产品养殖户、渔民，各级批发市场等。零售市场经营主体包括农贸市场、社区菜市场、大型连锁超市、路边摊贩、电商平台等。近年来我国鲜活水产品的销售渠道呈现以农贸市场、水产批发市场为主要销售模式，连锁超市销售的模式发展快速，依托互联网技术开展的电商平台销售模式初步发展和探索，多种小型经营者共同参与的格局（图1-3）。

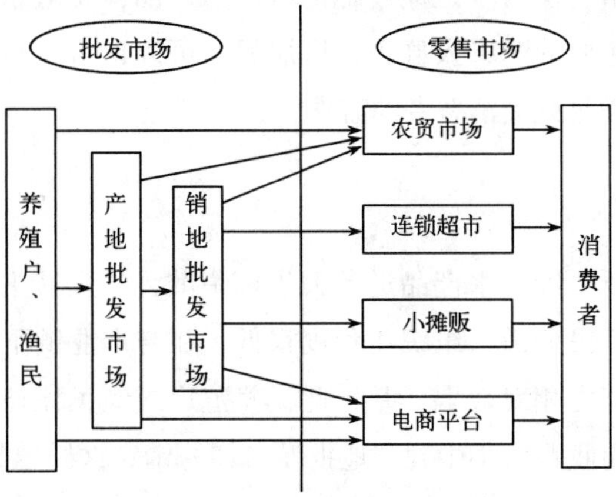

图1-3 水产品市场销售模式流程

“互联网+水产品”模式即以电商平台作为鲜活水产品终端销售渠道的经营模式和相关供给链条及技术支持的总称。从定义可以看出，终端销售渠道只是互联网的切入口，其对鲜活水产品行业的影响体现在整个产业链上。新技术被应用于生产、流通、消费以及连接各环节的信息传递，这是一种全新的业务模式，是对传统产业价值链的全新改造升级。

1.5.2 农贸市场模式

农贸市场模式，是指以各类农贸市场（批发市场）作为鲜活水产品终端销售场所的经营模式和相关供给链条的总称，产业链一般包括数级批发市场和规模不等的零售市场。农贸市场一直是我国鲜活水产品的主要流通经营场所，这种销售模式是由我国的基本国情决定的。首先，我国渔业养殖者数量众多而规模较小，主要分布在农村，缺少直接销售的渠道和议价能力，各级农贸市场成为连接生产者和消费者的桥梁。其次，我国城镇化水平较低，现代商贸主体发展滞后，城市市民的消费习惯还停留在传统集贸市场阶段。最后，农贸市场在主要居民社区附近，给居民生活提供了很多便利。因此，现阶段农贸市场模式是鲜活水产品销售最主要的模式，农贸市场模式的存在有其必然性和必要性。

1）优势

在这种模式下，经营者多为个体户，具有经营成本低的优势。主要是农贸市场接近住宅区，距离鲜活水产品终端消费者最近，市场进驻成本低，几乎没有进入壁垒，物流成本、管理成本较低，各种管理费可按天灵活缴费，也可根据消费者流量生意好坏而定。产品种类丰富，多为本地原产地的鲜活水产品，相对于异地产品有绝对的价格优势，鲜活水产品主要的购买人群为社区居民，可以讨价还价、货比三家等，农贸市场恰恰可以很好地满足此类消费者的需求。

2）劣势

在农贸市场模式下，鲜活水产品进行大规模集散，各交易主体之间没有在稳定的契约关系，养殖户或渔民分散，组织化程度很低，在与产业链下游进行交易时处于非常不利的地位，议价能力相对较弱。基于此，养殖户或渔民往往以较低的价格将产品出售给部分收购商，由收购商集中到产地批发市场外销。这样容易带来两方面的后果：一是下游无力在数量众多的农户中追溯到问题产品的来源，造成水产品质量安全监测体系难以有效建立，容易造成市场管理混乱，鲜活水产品质量参差不齐，经营主体展开低成本的恶性竞争，购物环境脏乱差等社会问题；二是由于养殖户或渔民在整个价值链中居于不利的地位，获得的价值成果比例较小，因而使得其并没有足够的激励去生产质量更高、更安全的产品。

在农贸市场模式下，由于整个产业链都是在对鲜活水产品进行简单转移，缺乏价值增值的过程，冷链物流缺失，保鲜技术落后，各环节损耗严重，保鲜难度很大。更重要的是，农贸市场模式中的大部分参与者规模小，资金实力弱，无力承担巨额的初始投资成本。冷链物流缺失导致鲜活水产品在运输和储藏过程中损耗严重，新鲜度和安全性下降。

3）发展前景

随着物流成本、物业租金等各类成本快速上升，个体户的生存空间逐渐被挤压。个体户规模小，力量分散，议价能力很弱，传统的农贸市场销售模式已经无法满足鲜活水产品消费者注重质量安全以及消费体验和个性化服务等需求。特别是一些上层中产和富裕消费者、新生代消费者、经验丰富的网购者的差异化消费需求。本书第 4 章会具体分析这些人群的消费需求。与其他传统行业一样，虽然农贸市场模式存在很多难以克服的问题，从长期来看，农贸市场模式在鲜活水产品产业经营中的相对规模会逐步降低，但降低幅度不大，依然为鲜活水产品销售的主要模式。但农贸市场也面临电商时代的信息化、网络化、转型升级等挑战。未来应以农贸市场为中心，以农贸市场信息化为基础，利用移动互联网打通信息流、物流等渠道，解决传统模式的信息不对称、不公开、不透明，水产品追溯难等问题。

1.5.3 批发市场模式

随着水产品生产与消费的快速发展，我国的水产品批发市场经过多年的建设和发展，数量和规模不断增加，经营业态发生了巨大的变化，特别是一些全国性的大型国际水产品批发市场，如浙江省的舟山国际水产城；广东省的广州市黄沙水产交易市场、湛江市霞山水产品批发市场及北京市的西南郊肉类水产品市场等已向规模化、集约化、信息化、国际化、现代化的交易形式转变。批发市场属于传统的长渠道模式。以批发市场为销售主体的销售渠道主要有两条：一条为批发市场经营者直接将产品零售给消费者；另一条则是批发给更接近终端消费者的零售商，零售商最终将产品销售到消费者。

1）优势

批发市场模式对消费者、采购商来说，其优势在于能满足全国市场的商品集散、交易结算等功能要求，还可促进信息综合、价格形成、调整供需等。货源集中，可以实地看货、面对面交流，管理更加规范，提高产业链运营效率。保证产品的安全性和新鲜度，竞争相对公平，更容易获得客流量，能够有效提供更多的就业岗位。鉴于鲜活水产品的特殊性，中间环节越少，越能降低中间损耗，降低交易成本。

2）劣势

一是市场流通和进行交易的主要是各地大宗鲜活水产品，产品的差异化程度很低，虽然产品品质良莠不齐，但整体属于普通鲜活水产品，缺少满足特殊需求类型的个性产品；二是批发市场渠道层级过多，中间成本过高，鲜活水产品终端价格较高；三是市场参与主体分散，以个体经营为主，系众多摊位相连的常规销售模式，管理能力有限，缺乏营销模式创新，从而使价格难以真正成为水产品品质的参考标识。

3）发展前景

水产品批发市场将不再被定义为狭义的“市场”：除了满足基本的批发市场功能外，还应为鲜活水产品规模企业提供第三方服务盈利，促成企业间越来越多长期的合作。提高水产批发市场的组织化程度，与餐饮企业合作，提高鲜活水产品销售量，增强销售实力。基于大型水产交易批发市场利用互联网来发展电子商务，这比企业自建平台或者借助第三方平台更有利，可以线上线下共同推广，顾客的认同度更高。

1.5.4 超市模式

超市模式可以定义为以连锁超市作为鲜活水产品终端销售场所的经营模式和相关

供给链条的总称。当前超市针对鲜活水产品的经营模式主要有三种，即自营、联营和出租柜台。这三种模式各有优劣，各超市受自身规模、经营能力的限制，应选择适合自身发展的生鲜经营模式。

1）优势

超市模式经营鲜活水产品，有两个显著的优点。

（1）产业链明显缩短。三种采购方式中，大型的连锁超市都开始加大产地直采的占比，尤其是供给端规模扩大以后，出现越来越多的农民合作组织，降低了产地直采的交易成本。

（2）规模效应显著。大型连锁超市往往规模很大，对上游的议价能力强，可以以较低的价格直接从养殖地取得货源。

与农贸市场相比，超市销售鲜活水产品的成本构成较简单，主要是物流、租金与人工费用。同时，超市的实体店优势和集客效应不但解决了“最后一公里”的问题，还使得产品推广可以顺利进行。水产品超市的销售渠道相对于批发市场而言更接近终端消费者，缩短了供应链，保障了水产品的新鲜度。因而越来越为水产品生产企业所重视。相对于农贸市场模式，超市模式在以下几个方面存在显著的优越性，这也是其经营模式特征的外显结果。

第一，缩短产业链符合鲜活水产品产业的发展趋势和各方利益。建立简洁高效的产业链和流通环节可以有效地减少水产品在运输过程中的损耗和流通时间，减少中间成本，有利于消费者以较低的价格买到新鲜的水产品。另外，简洁的产业链为水产品销路提供稳定的保障，可以有效维护水产养殖者的利益，能做到从产品源头进行监控，可以保证产品质量，满足超市对高品质鲜活水产品的要求。

第二，保障了鲜活水产品优质优价。生鲜超市对优质鲜活水产品实行品牌战略，不仅可以获得品牌溢价，同时可以提高产品的附加值。品牌的确立使得农户在产品销售过程中突破了原有的瓶颈，在议价过程中获得了更多话语权，增加了利润空间；由于农户获得了更多利益，会对产品品牌进行自觉维护，加大投入用以革新产品品种和生产技术以获得更大利润。这将使生产优质农产品与增加农户收入进入良性循环。

第三，加强了鲜活水产品质量安全控制。与农贸市场经常出现“一锤子买卖”的现象不同，生鲜超市都有严格的标准规范制度，超市销售的鲜活产品在进入超市前必须达到超市的准入标准。生鲜超市在产品采购、加工、配送的各个环节都有完善、严格的检测手段，产品具有可追溯性，产品的质量安全可以得到保证。因此，消费者可以更加放心地从超市购买鲜活水产品。

第四，改善了消费者的消费体验。相对于农贸市场，超市在购物环境、产品丰富程度、特色服务等多个方面都具有很大优越性，与消费者消费理念的升级不谋而合。

2）劣势

超市模式的明显劣势就是易受交通和距离的制约。因为只有附近居民才能购买到鲜活水产品，交通必须便利，距离稍远一点的居民很难从超市模式销售中获益；超市模式的损耗较大，因为超市柜台里的生鲜水产品大多没有真空包装，购买者习惯徒手选择；另外，受到超市温度影响，生鲜产品也容易腐烂。

3）发展前景

未来的鲜活水产品经营将会随社会经济的发展和居民生活水平的提高而呈现出多元化态势，超市模式的定位和经营水平将不断提高，超市的短物流优势和规模优势，在生鲜农产品经营中会逐渐体现，销售占比将稳步提高。从市场品种看，鲤鱼、草鱼等大众化活鱼品种会有所下降，一些中高档次消费的活鱼，如石斑鱼、鲟鱼等在超市的发展前景将持续看好。

1.5.5 电子商务模式

目前水产品交易主要以传统交易模式为主，以电子商务模式完成的交易所占比例还比较小。从事电子商务销售的鲜水产品种类包括鲜活的虾类、蟹类、鱼类、贝类、龟鳖类和其他。由于电子商务模式在后文有专门的研究，在此不赘述。

1.6 大力发展水产品电子商务的背景

随着信息技术的不断发展和普及，电子商务已逐渐渗透到各个行业。电子商务利用先进的信息技术，突破了时间、空间的限制，使得企业和客户能够更加便捷地沟通和交流，提高了工作效率，降低了经营成本。2018 年 1 月 31 日，中国互联网络信息中心（CNNIC）发布了第 41 次《中国互联网络发展状况统计报告》。报告显示，截至 2017 年 12 月，我国网民规模达 7.72 亿，普及率达到 55.8%，超过全球平均水平（51.7%）4.1 个百分点，超过亚洲平均水平（46.7%）9.1 个百分点。报告显示我国网民规模继续保持平稳增长，互联网模式不断创新、线上线下服务融合加速以及公共服务线上化步伐加快。

互联网资源的迅速发展促进了我国电子商务的迅猛发展。经过 20 多年的发展，我国电子商务在社会经济生活中发挥着越来越重要的作用，它促进了传统产业转型升级，使得商品贸易更加便捷，提高了经济活力。在“十二五”期间，我国电子商务的发展成果显著，零售额曾连续三年排名世界第一，成为全球范围内规模最大的网络零售市场。电子商务已经全面融入了人民群众的生产生活，并催生了许多新的就业领域。在2016年国家发布的《电子商务“十三五”发展规划》中，确立了三大发展目标，分别是：到2020年电子商务交易总额要达到400 000亿元人民币；电子商务相关从业者突破5000万人；同时网络零售总额要达100 000亿元。这表明电子商务要全面覆盖社会发展的各领域，全面融入国民经济各个行业，成为经济增长的关键动力。

中国农村电子商务自2009年以来呈现爆发趋势，已经形成了“两超、多强、小众”的市场格局。阿里、京东组成的“两超”占据了主要的市场份额，一些新型农村电商也有了自己的特色发展模式。阿里研究院最新的数据显示，2017年，全国已有2118个淘宝村和242个淘宝镇，淘宝活跃网店超过49万个，带动直接就业机会超过130万个。据商务部委托映潮科技股份有限公司开展的大数据分析显示，2017年全国农村实现网络零售额12448. 8亿元，同比增长39. 1%。2017年农村服务类产品网络零售额为4622. 2亿元，同比增长46. 6%，占农村网络零售总额的37. 1%，较2016年提升了1. 9个百分点。在服务类产品中，网络零售额居前三位的依次为在线旅游、在线餐饮、生活服务，分别实现网络零售额1831. 9亿元、1625. 8亿元、180. 7亿元，同比分别增长66. 8%、58. 6%、45. 3%。其中，在线旅游、在线餐饮表现得尤为突出，对农村网络零售额增长贡献率分别达到了21. 0%和17. 2%，在农村网络零售全部19个品类中居于前两名。

近些年，在互联网普及和消费升级趋势下，农产品生鲜电商获得了迅速发展。生鲜电商也从最初的“小而美”向着满足消费者需求的“大而全”转变，并且保持高速发展状态。艾瑞咨询发布的《2018年中国生鲜电商行业消费洞察报告》显示，2017年，中国生鲜电商市场交易规模约为1391. 3亿元人民币，同比增长59. 7%。到2019年，生鲜电商市场规模可能突破3500亿元。中国农产品电商联盟日前发布的《2018年中国农产品电商发展报告》也显示，生鲜电商市场自2013年来已连续5年保持50%以上的增幅。

生鲜电商市场潜力巨大，但目前生鲜电商市场渗透率仅约3%，而水产品电商又是生鲜电商中难度最大的领域。水产品电商的发展，除受到产品自身特点制约外，经营环境不佳、冷链物流不健全等因素也成为阻碍水产品电商发展的重要症结，亟待破解。

1.7 大力发展水产品电子商务的意义

1.7.1 有利于拓展水产品的销售渠道

电子商务的发展对传统产业经营交易方式的转变产生了深远影响，给传统水产业带来了新的发展机遇和不小的考验。在传统产业经营交易方式下，水产业有许多难以解决的问题。例如，水产企业之间在地域分布上存在一定距离，导致企业与企业间的沟通和交流存在一定的障碍，不利于整合利用水产渔业资源；水产品的自身特点决定着水产品的流通存在着难题，比如水产品产量不确定、保存时间短、运输难度大等；在传统水产业经营交易方式下，销售渠道十分有限，销售成本也高，这难以适应渔业生产区经济发展的要求。而随着互联网的飞速发展，借助信息技术可以在很大程度上克服上述难题。中国水产业产量虽居全世界第一，然而在水产业电子商务和水产网站的建设上还落后于世界上很多国家。正因如此，中国的水产企业必须重视起来，把电子商务的发展提升到战略的高度。

1.7.2 可以为消费者提供购买便利，促进消费

水产品的蛋白质含量高，脂肪含量低，富含不饱和脂肪酸、微量元素和膳食纤维，是人们生活中获得优质动物蛋白质的重要来源之一，因此越来越受到消费者的喜爱。如今随着人民收入和消费水平的不断提高，水产品走出了沿海地区，走进内陆。随着网络购物的兴起，消费者在网上购买水产品的消费需求会逐步增强，随着质量可靠的优质水产品和便利电子商务模式的展开，人们在网上购买水产品的习惯也会逐步形成。大力发展水产品电子商务有利于满足消费者的消费需求。

1.7.3 有利于实现水产品的优质优价

网络销售水产品不仅满足消费者购买的便利，而且有利于实现水产品销售的优质优价。随着人民生活水平的提高，生活质量也相应提高，人们开始注重健康，更注重食品的安全问题。目前传统水产品水产信息不透明，优质水产品销售困难，市场比例不断下降。适合的电子商务模式，可以增强网销水产品市场的透明度，消除信息不对称导致的不良市场影响，增强水产品质量保证，让优质水产得以优价售出。尤其对于收入水平较高的人群，更愿意选择优质优价的水产品，更希望在合理的价格范围内，节约时间、节省精力。

1.7.4 有利于水产企业树立公司品牌和形象

首先，水产企业将各类有用有效信息如行业信息、水产指数、供求信息等及时发布到互联网，通过迅速传播被外界所熟知，这样使得企业潜在客户对企业有了一个比较直观、全面的印象，为后续业务的发展提供基础。同时企业也可以通过互联网反馈及时进行调整，为更加适应市场需求而改变生产模式。此外，企业也可以借助网络平台推广自己的新产品，使得企业产品动态更新能够及时被客户所了解。在所有的信息获取和推广的渠道中，电子商务无疑是成本最低、速度最快的手段，具有传统企业模式无法比拟的优势。

1.7.5 有利于水产企业改善经营管理

企业利用电子商务销售水产品可以有效地降低运营成本。据统计，在美国，电子商务推行后，很多企业在产品的成本方面减少 5%~10%。电子商务的交易平台是虚拟的网络平台，而传统交易则需使用大量的纸质单据，通过电子商务可以大大降低成本，提高效益；另一方面，区别于传统宣传销售方式，通过电子商务平台直接在互联网上宣传产品、直接进行销售，不仅不受场地、时间和人员限制，还可以大幅度降低人力物力成本。

企业发展电子商务可以有效提高工作效率。通过互联网信息技术可以使得信息传递的及时性以和准确性得到提升，突破了远距离交流的障碍，降低信息失真的可能，有效提高工作率。

企业发展电子商务可以显著改善和提高公司售后服务能力。企业可以通过电子商务平台，在互联网上发布产品的基本售后流程，也可以直接与客户进行线上交流，给予客户远距离售后支持，这样使得成本和劳动力的支出大大减少，同时快速的售后反应速度也能提高客户的满意度。

第2章　水产品电子商务发展状况及特征分析

水产品是生鲜农产品的重要内容，但由于其保鲜和运输的特殊性，使得水产品电子商务发展速度远不及生鲜电商。本章简要介绍我国水产品电子商务发展的总体状况，阐述我国水产品电子商务发展的特征，在此基础上，结合水产品市场和电子商务发展特点，分析我国水产品电子商务发展的趋势。

2.1　生鲜电子商务的兴起

水产品电子商务伴随着生鲜农产品电子商务的发展而兴起，在日本、美国、澳大利亚和我国台湾地区非常流行生鲜农产品在线购买并以宅配的方式运送到消费者手中。许多消费者在办公余暇只需要通过网上下订单，生鲜农产品便会在最短时间内送上门，既节省了购买时间，又保证了果蔬的品质。据日本生协（具有消费者协会和零售商双重身份的大型非政府组织）统计显示：截至2010年，日本生鲜农产品的个人消费中，宅配业务已经超越消费者群体的团购业务，成为生鲜商品最为重要的利润来源。

（1）在美国，知名的O2O生鲜平台Local Harvest，植根于当地农产品生产基地，采用当地生产与销售的方式，既降低了配送成本的同时又实现了食物生产和消费便捷的相对平衡。另一家电商平台Farmigo则是注重与农产品供应链的生产和销售两端碎片化信息的整合，通过构建“食物社区”进行生鲜农产品团购，让消费者购买到新鲜、便宜的食物，同时也为农场节约了配送与储存成本。

（2）B2C生鲜平台。美国最大的电子商务零售平台亚马逊从2007年开始便在西雅图、洛杉矶、旧金山和纽约等城市提供名为“AmazonFresh”的生鲜宅配服务，包括门外配送与在家配送两种形式。门外配送是指将生鲜食品用保温盒存放，放置于消费者门外；而在家配送则需要消费者在家等待接收。

亚马逊的生鲜业务范围最初只有两个居民区，然后用5年时间发展到整个西雅图；其后于2013年扩张到洛杉矶；2014年覆盖全旧金山和纽约。亚马逊扩张缓慢而稳定，只在那些客户密度大的地方提供服务来节省成本。亚马逊的配送方式包括自营物流和当地一些商户配送，与配送相衔接的收货方式有两种，一种是装在相应功能盒子里门外配送；另一种就是约定配送时间，如果配送失败，则失约方赔付另一方损失。

AmazonPrime 服务和销售利润是亚马逊主要的利润收入。非 Prime（优质）会员，购物超过 35 美元才可以免除运费，Prime 的会员可以享受任意金额购物都免除美国境内运费以及两个工作日到达的服务。亚马逊有自己运营的电商代表、自运营冷链物流，因此亚马逊在城市的推广过程中，选择缓慢扩张，然后继续前进到下一个顾客相对集中的地区，生鲜水产的品质得到了保证，摆脱对 UPS（即联合包裹服务公司）、联邦快递等快递企业的依赖。

（3）Farmigo 是一个在线营销平台，已与超过 300 个养殖场建立合作关系，采用从农场直接把商品送到家的家庭模式。Farmigo 一直努力使新鲜食材售价比超市便宜 20 个百分点。Farmigo 的创新是“食品社区”，以社区作为一个单元，使社区直接连接农场。作为社区的缔造者，最少需要邀请 20 个朋友和邻居加入社区，没有上限。商品通过社区“领袖”添加到农场社区，一般的消费者只要加入就可以购买。作为社区“领袖”可以得到一些奖励，比如销售额的 10%、购买食物可获得折扣，但必须隔两周提供一次食品需求的信息。

Farmigo 可以说是一家运营成功的生鲜团购网站，一是价格比线下超市便宜；二是为更多的农场提供平台，让产品的销售范围更加广阔；三是消费者足不出户就可以享受到优质优价的服务。Farmigo 的收入来源是交易佣金，每笔交易收取 2%的佣金。

（4）与国外相比，我国早期的生鲜电子商务与冷链宅配行业起步较晚，且发展相对缓慢。2012 年被业内喻为“生鲜电商元年”，从此以后，生鲜电商行业呈现出了爆发式增长态势，大量的电商企业纷纷加入生鲜领域。当前，涉及生鲜类农产品网购的企业大致可分为两大类：一是淘宝、天猫、京东商城、1 号店等国内大型网购平台，其中淘宝在 2012 年上线的生鲜频道日成交额超过 600 万元人民币。二是专门从事食品网络零售的垂直网站，主要包括中粮我买网、顺丰优选、沱沱工社、优菜网、优果网、易果网等。由于生鲜农产品存在巨大的网购市场潜力，各大电商企业纷纷加入生鲜农产品网购模式并推动其发展。通过近几年的发展，我国水产品电商基本形成了“两超一多强一小众”的电商格局：“两超”是指阿里系、京东系农产品电商；“多强”是指具有较强竞争力的农产品电商；“小众”则是指具有成长性的特色农产品电商。

生鲜电商被称为电商领域的新“蓝海”，如果说农产品电商是电商皇冠，生鲜农产品电商就是皇冠上的明珠。作为电商的最后一块“肥肉”，生鲜电商的热度从 2012 年开始便持续上升，无论是综合型电商还是垂直型电商都在开发生鲜业务。近年来，我国水产品行业伴随农产品电子商务的发展而获得迅速壮大。据统计：2010 年至今，我国生鲜农产品电子商务交易额总量逐年上升，2013 年生鲜电商交易规模为 126. 7 亿元人民币，同比增长 255. 9%；2014 年达到 260 亿元，增长率 117%；2015 年全国生鲜电商交易规模达到 497. 1 亿元；2017 年我国生鲜农产品电商达到 1391. 3 亿元，平均每年增长 50%；预计 2018 年将超过 1500 亿元。2017 年中国生鲜电商市场发展迅速，自 2013 年以来连续 5 年保持 50%以上的增长速度，但呈现逐渐趋缓的态势（图 2-1）。

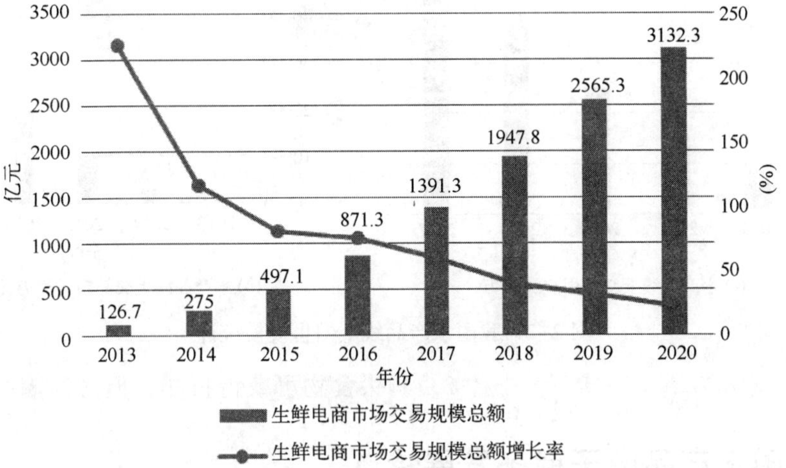

图 2-1 2013—2020 年中国生鲜电商市场交易情况

数据来源：艾瑞咨询

随着国家各项政策的支持，生鲜农产品电子商务环境不断优化，资本不断参与投资生鲜电商领域，激发了生鲜电商资本运营能力和改善了生鲜电商的发展环境。我国生鲜农产品的巨大消费需求和网络购物消费模式正在不断相互渗透，借助电子商务平台进行家庭与个人的生鲜农产品采购消费购买模式已经悄然兴起，正推动着我国生鲜网络零售行业进入发展的快车道。

2. 2 我国水产品电子商务发展的总体状况

水产品是生鲜农产品的重要组成部分，但是水产品保鲜和运输的特殊属性，加大了网上运营的难度。

水产品行业是比较传统的行业，历史悠久，但是传统的销售渠道存在着诸多弊端，已经无法满足消费者的要求，目前互联网发展开始倒逼水产行业改革。一些水产企业已经认识到了这一问题，开始通过整合水产行业资源，运用“互联网+”技术，打通水产品产业链各个环节，克服消费者和供应商之间信息不对称的问题，并通过建立自营的水产品牌，开展水产品电子商务业务。当前已经有一部分居民养成了网上购买水产品的习惯，但目前水产品线上销售占比还非常小。虽然水产品电子商务销售规模不大，但增长比较迅速（图 2-2）。

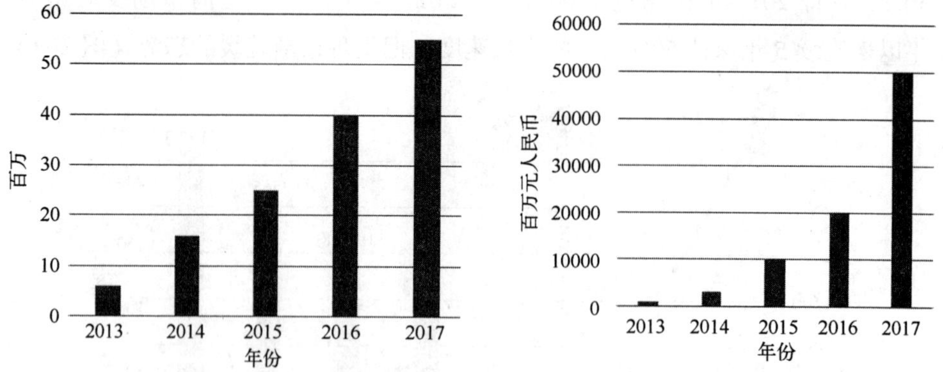

(a) 水产品线上交易用户 / 百万　　(b) 水产品线上交易额 / 百万元人民币

图 2-2　我国水产品线上销售规模统计

2.3　我国水产品电子商务发展特点

2.3.1　我国农产品电商政策环境不断优化

2014 年以来，国务院及各部门出台了一系列支持和鼓励农产品电子商务和现代物流发展的政策（表 2-1）。财政资金的引入和国家政策的鼓励，必定会带动更多资金投入农村电商发展，从而培育出适合农村电商发展的生态环境。这些政策极大改善了水产品电子商务发展的环境。

表 2-1　2014 年以来我国农产品电商政策

时间	发布者	政策	内容
2014 年 1 月	国务院	《关于全面深化农村改革加快推进农业现代化的若干意见》	从推进现代流通方式发展、加强流通基础设施建设、深化流通领域改革创新以及着力改善营商环境等四个方面出台 13 项具体政策措施
2014 年 3 月	商务部、农业部	《关于进一步加强农产品市场体系建设的指导意见》	明确未来 5~10 年我国农产品市场体系建设的指导思想、基本原则、发展目标和主要任务，加快建设高效畅通、安全规范和竞争有序的中国特色农产品市场体系

续表

时间	发布者	政策	内容
2014年7月	财政部、商务部	《关于开展电子商务进农村综合示范的通知》	在8省56个县开展电子商务进农村综合示范，建立适应农村电子商务发展需要的支撑服务体系，发展与电子交易、网上购物及在线支付协同发展的物流配送服务
2014年9月	国务院	《物流业发展中长期规划（2014—2020年）》	到2020年，基本建立布局合理、技术先进、便捷高效、绿色环保且安全有序的现代物流服务体系
2014年9月	商务部	《关于促进商贸物流发展的实施意见》	提高物流社会化、专业化、标准化、信息化、组织化和国际化水平，部署促进商贸物流发展，降低物流成本
2015年1月	商务部	《商务部关于大力发展绿色流通指导意见》	首次提出绿色流通概念，即在流通全过程中推广绿色低碳理念，应用绿色节能技术，推动流通企业节能减排
2015年1月	全国供销合作总社	《关于加快推进电子商务发展的意见》	大力开展B2B电子商务；着力发展农产品电子商务；努力拓展农村电子商务；加快建设区域型、专业型电子商务平台；抓紧搭建全国供销合作社电子商务平台；积极创新电子商务发展方式
2015年2月	国务院	《关于加大改革创新力度加快农业现代化建设的若干意见》	既要强化全国农产品流通骨干网络建设，又要重视交易制度、交易规则等软环境建设；既要加强传统的产地市场、跨区域冷链物流体系建设，开展好公益性农产品批发市场建设试点，又要支持电商、物流、商贸、金融等企业共同参与涉农电子商务平台建设；开展电子商务进农村综合示范，用电子商务打造现代农村产业发展的升级版
2015年2月	商务部	"绿色流通工作"专题发布会	推动流通企业绿色发展、打造绿色商品供应链以及建设绿色流通服务体系等将成为促进流通业绿色发展的重点

续表

时间	发布者	政策	内容
2015年2月	商务部	全国农产品电子商务暨农村商务信息服务经验交流会议	要加强顶层设计，研究制定农产品电子商务发展规划；加快立法和标准制定，推动《电子商务法》进程，研究制定农产品网上交易、物流配送、支付经营管理规范；加强农产品电子商务物流配送体系建设，落实支持物流企业发展税费政策，完善农产品绿色通道政策
2015年3月	国务院	《政府工作报告》	制订“互联网+”行动计划，推动移动互联网、云计算、大数据、物联网等与现代制造业结合，促进电子商务、工业互联网和互联网金融健康发展；发展物流快递，把以互联网为载体、线上线下互动的新兴消费搞得红红火火
2015年3月	交通部、农业部、供销合作总社、邮政局	《关于协同推进农村物流健康发展、加快服务农业现代化的若干意见》	旨在全面提升农村物流发展水平，支撑农业现代化发展；统筹规划农村物流基础设施网络；推进农村物流枢纽站场建设；加快县级农村物流中心建设；完善乡镇农村物流服务站布局；健全村级农村物流服务点
2015年4月	商务部	《2015年电子商务工作要点》	2015年电子商务工作要主动适应经济发展新常态，根据电子商务发展的新形势、新特点和新需要，全面推进以信息化促进流通现代化工作，开展促进规范电子商务发展专项行动，启动“十三五”电子商务发展顶层设计
2015年8月	国务院	《关于加快转变农业发展方式的意见》	鼓励互联网企业建立农业服务平台，加强产销衔接；推广成熟可复制的农业物联网应用模式，发展精准化生产方式；大力实施农业物联网区域试验工程，加快推进设施园艺、畜禽水产养殖、质量安全追溯等领域物联网示范应用
2015年10月	商务部	《关于推进线上线下互动加快商贸流通创新发展转型升级的意见》	鼓励线上线下互动创新；支持商业模式创新；鼓励技术应用创新；促进产品服务创新；激发实体商业发展活力；推进零售业改革发展；加快批发业转型升级；加快商务服务业创新发展

续表

时间	发布者	政策	内容
2015年10月	国务院	《关于促进农村电子商务加快发展的指导意见》	农村电子商务是转变农业发展方式的重要手段，是精准扶贫的重要载体。通过大众创业、万众创新，发挥市场机制作用，加快农村电子商务发展，把实体店与电商有机结合，使实体经济与互联网产生叠加效应，对于促消费、扩内需，推动农业升级、农村发展、农民增收具有重要意义
2016年12月	商务部、中央网信办、发展改革委	电子商务“十三五”发展规划	分析了“十三五”期间电子商务发展面临的机遇和挑战，明确了电子商务发展的指导思想、基本原则和发展目标，提出了电子商务发展的5大主要任务、17项专项行动和6条保障措施

2.3.2 电商企业积极开拓农村市场

电子商务的发展向广大农村地区延伸已成为全球趋势。2014年农村居民人均纯收入比2013年增长12.4%，而城镇居民人均可支配收入增长仅9.7%。阿里巴巴发布的数据则更为直接：2013年度，从中国网购消费额增速方面看，县域市场比城市市场高出了13.6个百分点。从2012年起，农村社会消费品零售总额的增幅高于城市已超过40个百分点。国内电商企业为获得有利于自身发展的布局，积极开拓农村市场。阿里巴巴率先进入农村推出“随手拍农村　刷墙赢奖品”的活动。2014年10月，阿里启动了“千县万村”计划，计划在3~5年内投资100亿元，建立1000个县级运营中心和10万个村级服务站。两家更是先后与中国邮政进行合作，瞄准农村市场，“下乡”成为众多电商的共同目标和新的增长点。随后，京东、当当先后进入这一领域。京东开起了通往三线、四线城市和农村的“大篷车”，计划2015年建成县级服务中心500个、招募乡村推广员5万人、“京东帮服务店”1000家以上。2016年3月5日联商网消息，京东第1000家县级服务中心在江西省的革命老区井冈山正式投入运营。截至2016年3月，已在全国开设县级服务中心1000家，招募乡村推广员15万人，开设京东帮服务店1300多家，还有600多家线上地方特产馆、特产店，它们共同为农村地区的老百姓生活及当地经济发展贡献着力量。

我国供销合作总社有30多万个综合服务社、100多万个经营服务网点以及许多流通企业、配送中心和批发市场。2015年，供销合作总社颁布了《关于加快推进农村电子商务发展的意见》，下一步将利用全国性电商平台把全系统线下实体资源尽快整合起来，把网点优势转变为网络的系统优势，更好地开展农村电子商务活动。

中国邮政是全国唯一能够覆盖全国农村、校园以及偏远极寒地的无盲区物流快递网络。中国邮政将发挥其点多、面广的优势，积极发展农村物流，支持农村电子商务活动。

另一家大型电商企业苏宁也在积极采取各种措施，构建深入全国乡村的服务网络，从渠道建设层面打通“农村电商”发展壁垒。在经营方面，苏宁超市将通过专业经营采销体系，把大量优质商品带到农村，同时启动农产品直采及农产品众筹等项目，把大量优质农副产品销往全国各地。

2.3.3 政府部门积极开展促进农产品电商活动

商务部曾在2014年先后组织两次网上购销对接会，全国共有27个省（自治区、直辖市）、625个县（市、区）的商务主管部门上报农产品供求信息近300万条，涉及农产品品种1035多种，成交额达到110.3亿元。农业部为解决供需信息脱节、盲目种植、“卖难买贵”等问题：2014年在四川成都开展试点蔬菜产销平台“菜易通”项目试点，力图实现产销对接；江西省上饶市与浙江衢州、温州、台州、绍兴四市合作举办的早稻网上交易会，到2014年，交易会主办方已增加到7个，吸引了浙江、广东、黑龙江等9个省，近600名粮食部门的领导和粮食企业的负责人参会。农村电子商务发展的丽水“遂昌模式”就是在其本身优质服务和政府大力支持的共同作用下形成的。

商务部在2015年在全国2000多个县推进试点发展农村电子商务，预计会在每个县建设一个县级电商服务中心、100家村级电商服务点及20个乡镇电商服务站，目的是为农民提供网络代购、代销等服务。

2.3.4 我国水产品电商物流进入新阶段

2014年8月，首趟电商专列的开出标志着我国电商物流进入新的发展阶段。目前，电商专列设15~19节车厢，每节车厢核定载重在23吨左右。动车在2014年继续开通配餐冷链化。广西百色至北京果蔬绿色专列是全国首个“南菜北运”全程冷链果蔬绿色专列，专列的开通使得百色老区的蔬菜水果只需要3~4天就可以出现在北京超市的货架上。

2.3.5 涉水产品生鲜电商平台迅速发展

我国生鲜电商平台都不同程度地涉及水产品电子商务，近几年获得了迅速发展，表2-2反映了我国主要涉水产品生鲜电商平台的发展状况。

表 2-2 主要生鲜电商业务发展状况

类别	名称	生鲜业务发展现状	冷链物流方式
综合型电商	京东	加速拓展生鲜品类，首先在北京推出冷链产品销售。自营范围以特色生鲜和海外生鲜为主	冷链宅配与快行线合作，采取“B2B+B2C”二段式冷链宅配模式，自动将买家需求与供应商精准匹配
	天猫	天猫的“喵鲜生”市场占有率第一，达 44%。但是天猫本身只是一个平台，“喵鲜生”生鲜食品的采购和配送还是由与天猫签约的中小生鲜电商配送	冷链宅配主要与第三方物流企业合作，全程冷链配送和半冷链的“二段式配送”。依托 B2B 冷链城市间运输，配合“最后一公里”的落地完成冷链宅配
	苏宁易购	正式上线江苏知名生鲜商品“阳澄湖大闸蟹”，并支持全国下单配送。目前已与全国数十家生鲜直供商形成合作关系	借助具有冷冻链服务优势的物流公司，覆盖从东部到西部网购消费人群。将通过整合具备冷冻链服务能力的物流公司，弥补冷链物流的短板
	1 号店	首家以自营模式试水生鲜领域的综合电商。目前已在北京、上海等多个大城市提供生鲜服务	自有物流，同时也可以依托沃尔玛供应链和连锁门店提供冷链宅配服务
线下超市	永辉超市	2017 年，永辉“超级物种”开业，作为多重餐厅的结合模式，超级物种提供新鲜、安全、高性价比的全球优质食材，打造超级美食“梦工厂”	在全国建立了多个采购基地，直接到农户采购，使得部分菜价低于农贸市场，但仍能盈利。以门店自提为主要配送方式
物流企业	顺丰优选	2012 年上线，定位于中高端食品 B2C，为涉足冷链物流做准备。水果、肉、水产、鲜奶在内的生鲜频道占整个优选销售额的 50%	借助顺丰速运的物流体系，打造全国领先的冷链宅配系统。投入巨资打造的华东仓和华南仓正式启用，将生鲜业务配送的范围扩大到全国 11 个城市
垂直型电商	沱沱工社	生鲜类覆盖齐全，销售额快速增长	自营全程冷链配送
	中粮我买网	生鲜基础雄厚，获得数千万美元注资，融资将用于中粮我买网全国市场布局及渠道拓展	发挥中粮集团的供应链优势，主打产地直采、海外进口商品。自建仓储物流，对配送区域限制精准化

资料来源：根据互联网公开资料整理

2.3.6 水产品电子商务发展呈多因素驱动特征

1）物流链驱动型创新

物流链驱动型创新的典型代表是顺丰优选。顺丰优选于2013年开通生鲜电商及生鲜商品配送项目。依靠顺丰集团的物流与配送优势，顺丰优选现已开通37个常温商品配送城市。目前常温商品配送已覆盖全国，可以快速占领全国市场。从2014年下半年起顺丰优选启动新冷库、冷运项目，意图打造“全冷链布局”，2015年上线“冷运城配”“冷运专列”。只在上游的货源更丰富、更标准，下游的配送优势才会更加彰显。

2）营销驱动型创新

营销驱动型创新的典型代表是本来生活网。农产品背后的故事性愈强就愈容易制造传播热点，从“褚橙”“柳桃”到“潘苹果”，从“四大家鱼”到阳澄湖“状元蟹”，背后都有本来生活网的影子。网站主要经营的水产品有海鲜、河鲜及加工水产等。海鲜包括相对价格较高的进口野生虾、鲳鱼和鳕鱼以及价格相对低廉的国产广东青虾、青岛鲜贝、浙江舟山鮸鱼。该网站的核心是以营销带动流量和销量，所面对的挑战是需要不断推陈出新。

3）品质驱动型创新

品质驱动型创新的典型代表是沱沱工社。依靠自建的有机农场坚守高品质产品，并在全国大力发展联合农场以及专业提供有机、天然的生鲜类商品的B2C网上商城，覆盖蔬菜水果、肉类禽蛋、奶制品、冷冻冷藏、海鲜水产、粮油副食、零食冲饮和生态日用等上万种商品，全程冷链配送，货到付款。沱沱工社有自建近万平方米集冷藏、冷冻库和加工车间为一体的现代化仓储配送物流中心，采用冷链物流到家的配送运作模式，将新鲜的食品精准送达消费者。力求通过严控品质来获得忠实的消费者，以品质驱动消费且稳扎稳打，其挑战的是瞬息万变的市场节奏。

4）服务驱动型创新

服务驱动型创新的典型代表是浙江丽水遂昌网店协会。政府倾力支持企业独立运营，协会的定位是服务性、互助性和自律性。协会为本地的中小卖家（农户）提供培训、开店、营销、仓储及配送等标准化服务，为网店卖家、供应商、服务商以及消费者之间搭建交流和沟通桥梁。协会的运营模式以培训发展优质卖家（网店会员）为基础，通过整合上游供应商，并根据遂昌网店发展现状，着手在遂昌申请筹建支持网上发展的公共服务平台。

5）与阿里巴巴等著名电商合作型创新

这类创新主要有特色馆、淘宝村和 O2O 三种形式。“遂昌馆”特色馆模式是国内第一个县级农产品馆，其核心是在一个独特的麦特龙分销平台，借助政府的强大支持和自身体系的巨大聚合力，集合了当地千余家小卖家共谋发展。甘肃成县淘宝村模式依托在淘宝网店进行销售，建设了“一馆两园一中心”。其中，“一馆”是指在淘宝网上建特色“中国陇南馆”；“两园”在是指当地建陇南电子商务产业孵化园、顺通电子商务物流园；“一中心”是指农产品（核桃）交易中心。其主要目的是探索微博、微信、微店等不同形式的营销。通榆县通过“O2O 模式”使当地农产品以“三千禾”品牌进驻天猫旗舰店，成立了县域电子商务协会，并有专业的第三方主体进行运营。“三千禾”在全产业链上进行标准化运作，在统一采购、统一包装、统一运营、统一配送和统一售后等诸多环节进行了标准化尝试。

6）水产品电商模式创新呈现多模型同时并存融合格局

生鲜电商最基本的是 B2C 和 B2B 模式，后来发展衍生出来垂直生鲜电商 F2C（农场直供）模式，如沱沱工社、绿色有机农场、C2B（消费者定制）模式、C2F（订单农业）模式、O2O 模式和 CSA（社区支持农业）等模式。这些模式都是对传统 B2C 模式的补充，真正占据商业主流的依然是传统的 B2C 模式。

（1）B2B 模式创新。时下出现了许多新型的农产品 B2B 电商模式，如广西糖网、中国棉花网、中华粮网、美菜、链农、大厨网、小农女、优配良品、菜筐子、饭店联盟、一亩田和中国惠农网等。

（2）C2B（消费者定制）模式和 C2F（订单农业）模式创新。天猫“喵鲜生”和“双十一购物狂欢节”预售模式，消费者可登录预售平台先付定金再付尾款购得商品，预售商品包括稀缺品、集采商品以及根据消费者个性定制的商品；中国地理标志产品商城是国内首家销售国家认证（注册审定的）地理标志产品的网上商城，商城面向地理标志产品生产经营者和终端消费者，提供线上销售服务的同时还建成了国内首个地理标志文化博物馆。如龙宝溯源商城，可以先溯源后购买，或者先购买后溯源。

（3）O2O 模式创新。如天天果园上线了“天天到家”、本来生活上线了“本来便利”、阿里巴巴上线天猫“喵鲜生”、京东上线了“京东到家”以及 2015 年上线的亚马逊生鲜馆、鲜达网、许鲜网等都开展了多种形式的 O2O 业务，本来生活网的“本来便利”从2015年5月上线至今，已在北京覆盖了300多家便利店。天天果园已在北京、上海、广州、深圳4个城市开设了近50家O2O店。

（4）CSA（社区支持农业）模式创新。生鲜农产品电商通过基地对接直供社区的方式抢占生鲜市场；“鲜达网”在北京已拓展1500多个社区，并计划将业务扩展至上海、杭州等地区，预计社区总数超过5000个。

（5）电子商务与冷链、智能终端相结合的先进商业模式创新。在北、上、广、深等一线城市推行的“电子菜箱”“智能菜柜”“自动售货机售菜”模式，采取“全程冷链+后台管控”技术，探索“电商+冷链快递物流+智能终端取货”的先进商业模式。

7）水产品电商物流和支付模式呈多样式特征

如今电商企业水产品物流模式多样，有自营物流配送、自营物流+第三方物流配送、“自营物流+消费者自提/自营配送”“第三方物流+消费者自提/第三方配送”、联盟物流配送、“O-S-O”物流模式、物流一体化、第四方物流、第五方物流等多种物流模式。同时，农产品电商支付模式也开始增多，基本采用线上线下相结合的方式进行，其中，线下是货到付款的特点。典型涉水产品电商物流和支付模式见表2-3。

表2-3 涉水产品电子商务配支付模式

网站	上线时间	物配模式	支付方式
苏宁“苏鲜生”	2015年	自营全程冷链配送	支付宝快捷支付、网上银行支付、零钱宝
淘宝	2004年	第三方物流，指定快递	支付宝快捷支付、支付宝余额支付、支付宝卡支付、货到付款
天猫“喵鲜生”	2012年	菜鸟网络“干线”（冷链或航空）两段式配送服务，实现全程控温	支付宝快捷支付、支付宝余额支付、支付宝卡支付、货到付款
阿里巴巴	1999年	在线轻松发货，平台独享折扣，线路全国覆盖，发货安全保障	支付宝快捷支付、支付宝余额支付、支付宝卡支付、货到付款
1号店	2008年	慢送返利，准时达，定日达	网上支付、银行转账、货到付款、抵用券
中粮我买	2009年	自建物流，第三方物流，顺丰速配	网上支付、货到付款、礼券支付、我买卡支付
沱沱工社	2008年	自营全程冷链配送	在线支付、账户余额支付、雅高E卡、多种福利卡、货到付款

续表

网站	上线时间	物配模式	支付方式
顺丰优选	2012年	自建物流，全程冷链配送	第三方支付平台、网上银行支付、优选卡、货到付款
龙宝溯源商城	2013年	原产地直配	网银、银联、账户余额、支付宝、龙宝卡
京东商城生鲜频道	2013年	上门自提，211限时达，次日达，定日达	银行卡支付（网银与快捷支付）、支付平台（网银钱包、微信支付、在线支付、和包、快钱）及其他
地理标质产品商城	2013年	原产地直销，快递配送（宅急送合作）	账户余额付款、支付宝付款、财付通、礼品卡
本来生活	2012年	自建物流，第三方物流，全程冷链配送	货到付款、在线支付、积分支付、优惠券支付、代金券支付及其他
美味七七	2013年	自建物流，中央仓储、全程冷链配送	货到付款（现金、刷卡）、网上支付（支付宝和网银支付）、品卡
甫田网	2010年	甫田自主物流，第三方物流陆运、空运，全程冷链配送	货到付款、在线支付、优惠券使用
鲜直达	2011年	自建配送体系，全程冷链配送	货到付款、在线支付、账户余额支付
鲜码头	2012年	第三方物流（顺丰快递、ems快递、ZJS宅急送）	货到付款、支付宝、财付通、银联在线China-Pay
优菜网	2010年	第三方物流	在线支付（银行卡与支付宝支付），预存账户余额支付

2.4 我国水产品电子商务发展趋势

2.4.1 水产品电商发展政策环境进一步优化

2013年12月7号，全国人民代表大会常务委员会正式启动了《中华人民共和国电子商务法》（以下简称《电子商务》）的立法进程。2015年底，《电子商务法》形成法案初稿，争取2016年6月形成法案草稿，据凤凰网消息电子商务法将在2018年内出台。草案暂定分为130条，涵盖电子合同、网上支付、电子商务个人信息保护、电子商务消费者权益保护等内容。我国电子商务法律、法规、标准体系将不断完善。同时国家工商总局进一步贯彻落实《网络交易管理办法》，并制定了《流通领域商品质量监督管理办法》和网络销售商品质量抽检有关规范，进而出台《网络购买商品七日无理由退货暂行办法》，使提高消费维权逐步规范化、程序化和法治化。国家工商行政管理总局、商务部将加强网络电商监管。商务部将组织农业部、工业与信息化部和林业局等单位，围绕农资、农药、种子、化肥、林木种苗等，持续开展打假行动，以此加强对农资直销活动的监控。相关部门启动为期 7 个月的“农村和城乡结合部市场假冒伪劣专项整治活动”，净化农村市场。

2.4.2 “三品一标”产品将成电商主角，跨境水产品电商将成热点

无公害农产品、绿色食品、有机农产品和农产品地理标志统称“三品一标”。中国市场调研在线通过市场评估，于 2017 年预测未来 5 年“三品一标”产品占整个电商的比例将超过 80%，生鲜农产品电商将逐步实现“三品一标”化，占农产品交易额比例超过 60%，而且“三品一标”农产品电商的规范有序发展将成为促进我国农产品品牌建设的重要内容。截至 2016 年年底统计数据显示，“三标一品”总数接近 10.8 万个，无公害农产品种植面积达到 1604 公顷，绿色食品原料标准化生产基地面积为 1100 万公顷，有机农业示范基地面积达 169 万公顷。经过 5~10 年的努力，农产品冷链物流效应得到充分发挥：一是成本降低，二是效率提高，三是品质提高，并且能够带来新的利润增长点。

阿里巴巴在 2014 年启动韩国农产品直销进中国活动，首批主推韩国食品，商品几乎覆盖了整个食品大类。作为阿里巴巴旗下的批发平台，40%的阿里巴巴买家是淘宝天猫卖家。今后从韩国直接批发进货，下一步就是卖给消费者。这种方式相较于以前通过层层代理商来销售，既节约了成本，货源也相对有保障。上海自由贸易区于 2014 年先后开通两个跨境电子商务平台，分别是“跨境通”和“报税店”，而国内电商淘宝、京东商城、我买网等早已开通海外农产品直采或直邮服务；eBay、亚马逊、阿里巴巴和敦煌网提供出口方面的综合服务，也出现了一大批如兰亭集势这样的 B2C 跨境电商平台。广东省首个农产品跨境电子商务平台试点在广东国通物流城启动，新西兰乳业企业绿优谷成为正式进驻该试点“我要跨境购”电商平台的首家国际企业。

2.4.3 产业群互联网化催生更多垂直电商

互联网帮助各产业链缩减了其中一部分环节，甚至促进了上游和终端的对接，削减了中间成本。生鲜电商就是一个非常具有典型性的范例：种植商、养殖户可通过电

商平台直接面对用户；用户可以通过电商平台了解生鲜产品的生长过程，买到更为放心的食品。产业互联网化，除了缩短产业链，在一定程度上还可以避免产销不平衡现象的出现。

2.4.4 农产品网上与网下渠道融合创新

农产品的网上交易和网下交易与物流配送融为一个有机整体，使网上渠道与网下渠道做到“无缝衔接”，交易、物流配送和支付相互服务，而不是对立发展。网上渠道的多样化是指平台、自营、“平台+自营”相结合的出现。网下渠道指社区店、便利店网络及其电子菜箱、智能菜柜等新型业态涌现。

实体店都是采用基地直供模式，消费者购买的产品全部来自基地，既能保证产品质量，又能在保持相同品质的情况下，享受到更优惠的价格。相对于农贸市场和其他生鲜门店，实体店更加整洁、干净。顾客在网上下单，商城的订单可以直接分派距客户最近的门店，由店里备货或者送到客户手中。越来越多的人开始意识到社区O2O市场蕴藏的潜力，也说明了这种模式具有强大的生命力。O2O不仅可以使传统B2C企业更好地发挥自身服务与体验差异化的竞争优势，还可以在一定程度上抵消了纯电商的分流影响，同时还能享受到线上销售带来的低成本和高效率，并能增强与消费者的互动。

2.4.5 移动电子商务将成为水产品电商发展趋势

目前，电子商务的发展正朝着移动电子商务迈进，移动通信业务提供商密切关注移动商务企业市场，中国移动和银联联手推出的“手机钱包”，完成移动电子商务付费的个性化服务。基于移动支付的支持，移动电子商务正成为电子商务新的应用领域。

《中国互联网络发展状况统计报告》显示，截至2017年12月，我国手机网民规模达7.53亿，网民中使用手机上网人群的占比由2016年的95.1%提升至97.5%。2017年，我国手机用户突破14亿户，移动智能终端用户规模达到13.7亿户，智能手机的普及被视为助力农村电子商务的一个重要因素。如具有特色的“青年菜君”“一叶扁舟”等移动手机客户端。

“三网融合（电信、广播电视网和互联网）+物联网”成为新电商的时尚。随着“三网融合+物联网”，农产品种植、农产品交易、农产品市场、农产品支付、农产品通关、农产品物流、农产品仓配一体化和快递实现智能化，移动商务在新一代电商发挥越来越大的作用，“三微”（微博、微信、微店）的营销模式，促进农产品电商进入了精准营销新阶段。

微商主力军将进一步扩大。在支付平台日益完善、社交平台越来越优质的用户体验下，借助自身的口碑效益逐渐积累了不少忠实用户的微商群体在逐渐扩大，可以说目前进入了“人人皆电商”的时代。与此同时，成熟的电商平台也在“微”平台开放入口，通过降低佣金等举措来网罗更多的卖家，这种趋势在今后仍将保持强劲的增长态势。

2.4.6 本地化生鲜平台将成为农产品电商转型的方向

本地化生鲜平台将成为未来农产品电商转型的一大方向。通过平台建设，进行专业化分工：基地只负责产品生产环节，电商只管发展用户和服务用户，物流外包给专业生鲜物流企业，可以同时解决标准化、产品安全性、冷链物流等三大难题。这样，农产品电商才能走出困境，走上更健康的发展轨道。

我国生鲜农产品的巨大消费需求和网络购买力一站式正在不断相互渗透，借助电子商务平台进行家庭与个人的生鲜农产品采购的消费购买力一站式已经悄然兴起，推动着我国生鲜网络零售行业进入快车道。

第 3 章　电子商务模式在水产品中的应用与创新

水产品电子商务最基本的模式是 B2B、B2C、O2O 和 B2B2C 等。随着近几年的电子商务的发展，衍生出许多创新模型，如 C2B（消费者定制）模式、O2O 模式、团购模式和社交平台等，这些模式都是在基本销售模式的基础上发展起来的，为水产品电子商务发展提供了更多可借鉴的模式。本章就水产品电子商务中具有优势的模式，结合水产品特征进行分析，介绍其在电子商务实践中的创新状况。

3.1　B2B 模式分析及创新应用

B2B 模式即基于互联网在网络交易平台上完成的经济组织之间的商业活动。经济组织对经济组织之间是电子商务的重点。电子商务 B2B 模式重新定义了水产品传统产业的流通模式，经济组织之间交易量大，形成产业链，可节约交易成本、提高经济效益，是大宗水产品经济组织开展电子商务的切入点。特别是最近几年，我国传统实体产业面临供给侧改革，基于 B2B 电商模式则成为改革的方向。

3.1.1　B2B 模式优势分析

传统水产品企业的流通环节冗长繁复，效率较低，成本较高。如图 3-1 所示，B2B 电商将原材料的供应商与采购商通过平台直接对接，涉及水产品诸多行业。将水产品买卖双方集中到一个市场上来进行信息交流、广告推送、拍卖竞价、产品交易及库存管理等活动，可以有效整合水产品行业品牌供应商，缩短供货流程、提高了交易效率，也降低了下游采购商的成本。垂直类 B2B 电子商务模式是专注于一个行业的电子商务平台，主要提供专业的水产品信息资讯、行业专业搜索和解决方案等服务。垂直类 B2B 电子商务模式相较于水平类 B2B 电子商务模式更具行业专业性，是垂直类 B2B 电子商务模式的优势所在，也是水产品经营者选择的合理模式。

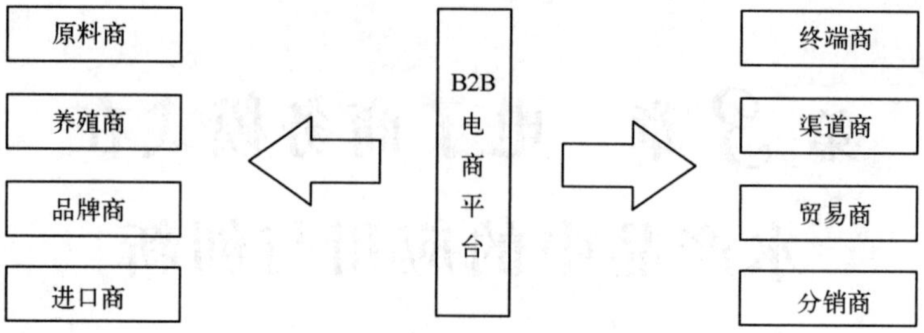

图 3-1　B2B 模式信息流程图

资料来源：根据互联网公开资料整理

3.1.2　B2B 模式劣势分析

传统水产品企业通过 B2B 模式销售，支付结算制度不健全，资源管理混乱和跨区域冷链物流运输等都限制了水产品企业开展 B2B 销售。对于水产品采购者来说，信息沟通不畅，商家素质、产品质量参差不齐都是发展业务的巨大阻碍。水产品与其他普通产品相比，在时效性、保质性、安全性等方面有更高的要求，货源调查和行情分析难度较大导致企业风险成本增高。对于水产品供应者而言，数量巨大的同业经营者在互联网上展开价格竞争，产品规格和质量参差不齐，各供应者提供的水产品的特色和品质难以为消费者所捕捉和甄别。参与水产品电子商务活动的第三方机构众多不方便管理。这些都制约了水产品 B2B 销售模式发展应用。

3.1.3　B2B 模式创新应用

水产品 B2B 销售模式的创新应用不再局限于零散的水产品企业在电商平台发布企业产品信息，而是与电商平台、乡村休闲旅游、现代食品产业、特色村镇一起深度融合创新发展。

“鱼大大” B2B 水产品交易平台通过实名认证保障交易安全，平台主要经营鱼、虾、蟹等 400 多种水产品，任何鱼、虾、蟹等水产品要出售或是求购，都可以通过“鱼大大” 推出水产信息交易平台“鱼大大” APP（手机应用程序，安装在智能手机上的客户端软件，APPlication）来免费发布信息，从而解决了水产品供求信息不对称的问题。这个平台通过实名认证和信用评价等功能规范交易，构建水产买卖信用体系。鱼大大 APP 上的用户实名入驻，目标用户为养殖户、中介人、消费者、行业技术人员等。APP 不仅可以完成商品交易，同行业还可以了解行情、交流学习。

3.2 B2C模式分析及创新应用

B2C模式即企业通过互联网为消费者提供完成订购商品或服务和活动。企业对消费者的电子商务，是未来水产品企业开展电子商务的主要模式，也是水产品电子商务发展的重点和难点。目前，B2C电子商务模式在其他食品领域已相对发展成熟，但水产品B2C电子商务模式还处于发展初期，特别是受水产品保鲜技术和冷链物流配送等因素制约，发展相对缓慢。

3.2.1 B2C模式优势分析

在供给层面，传统水产品企业和养殖户逐渐开始了解并开展电子商务活动，经营者通过互联网省去中间的分销环节，直接面向庞大的终端消费者。经营者可选择直接为购物网站供货，也可以直接开设网店销售水产品，节约成本。

在需求层面，网络购物用户规模稳步增长，网购水产品消费者多为经济发达的大中城市中收入水平较高的人士。这一人群看重的是购物便捷、性价比高、产品品类丰富等。这种B2C模式能够很好地满足他们的需求。未来B2C模式为水产品销售重点发展模式。

3.2.2 B2C模式劣势分析

近年来，很多B2C平台都陆续开展水产品销售，由于B2C面对的都是零散的消费者，交易量都比较小，产品运输比较分散。因此如何保持水产品鲜活就成了该模式发展的重中之重。特别是包装和物流配送是发展B2C模式面临的首要问题，水产品对包装要求很高，如包装材料不得污染水产品，要有良好的气密性等，防止水分蒸发、细菌二次污染、产品脂肪的二次氧化、气味的污染等。

3.2.3 B2C模式创新应用

B2C销售模式创新应用包括订单模式、团购模式和社交平台等销售模式的灵活应用，促进了水产品电子商务零售的发展。

水产品团购模式深受消费者青睐。团购模式是在B2C基础上的创新。经营者清点库存充足的产品，通过限定团购人数、降价价格或者打折等促销手段，在规定的短时间内聚集大量的团购消费者参与团购。这种模式可以增加销售数量，降低产品单位成本，短时间内拉动水产品的销售额。参与团购的消费者只要有相同的需求就可以组织团购。团购模式要求经营者具备较高的互联网运营管理能力和市场行情和需求的判断应变能力，否则经营者无法承受团购可能带来的较大的库存风险和市场风险。

订单模式促进了水产品电子商务销售模式的运用。订单模式是指供应商与消费者提前签订订单，由水产品供应者按照订单要求组织安排生产并供应水产品给消费者的一种产销模式。该模式是一种产销相结合的模式，在水产品电子商务销售中已经成为消费者接受度较高模式。天猫“喵鲜生”“双十一购物狂欢节”的预售模式就是典型的模式创新，也是互联网上最流行的营销方式之一。消费者登录平台交纳一定数额的订金，然后在规定的时间内支付尾款便可购买到预售商品。预售商品一般包括稀缺品、集采商品、个性定制的商品。如石浦渔港在水产品还未开始捕捞或渔船出海之前，通过网络预售的式来销售水产品，消费者只需要提前支付货款，就能成为一条捕鱼船的船主，渔船出海捕捞后再将水产品快递到消费者手中。这种体验方式与传统的购物方式不同，使网购过程变成一场新鲜的体验。订单模式促进了水产品电子商务销售模式的运用。

社交平台促进了水产品电子商务销售模式的运用。目前比较常见的社交类产品可细分为论坛、微博、群组、贴吧等几种形式。论坛在各种新颖的社交模式的冲击下，已逐渐失去往日的影响力，不过一些优质的论坛还是具有很高的关注度。我国国内主要有新浪微博、腾讯微博等，国外主要有 Twitter、Facebook 等。这类社交平台的特点是信息传播速度快、访问量巨大。群组的形式主要包括微信、人人网、Google 等社交产品中的人群分组、朋友圈等功能。

社交平台模式运用最广的为“微信+商业模式”，这种模式的出现一定程度上改变了传统互联网的商业运营模式。随着我国居民收入增加和消费升级的大趋势，消费者不只满足于买到产品，更注重买到高品质的产品和更好的消费体验，这种模式适用于网销水产品高品质的定位。经营主体可以通过社交平台建立社交群，形成粉丝群体获得长久收益。许多中小企业通过传统平台销售都面临产品的高品质、低销量的问题，平台流量成本却越来越高，消费者复购率较低，同行之间恶性竞争等一系列问题。“微信+商业模式”与传统电商相比，可规避这些缺点，零门槛、低成本就可以运营，并且社交性流量的价值要大于交易性流量，纯粹的交易关系已经无法满足新型的消费需求。

微信购物已逐步向互动与分享方向发展，消费是连接的开始，一些水产品企业已经开始探索社交电商营销。通过微信转发建立分布式的社交关系链，利用微信用户的社交关系网络得到裂变式的传播，消费者和经营者形成利益共同体，通过建立流量奖励机制，规避传统水产品三级分销的弊端，推动产品和品牌的发展。社交平台模式是 B2C 模式的创新运用，极大地促进了电子商务销售模式在水产品领域的运用。

3.3 O2O 模式分析及创新应用

产业链中凡是涉及线上线下的模式都可以称为 O2O。O2O 是指通过线上销售推广将线上消费者从线上平台引入到线下实体店。目前这种模式主要有四种运作类型，即先线上后线下、先线下后线上（offline to online）、先线上后线下再线上、先线下后线上再线下。后两种类型是衍生模式，整个过程中不完全强调要通过线上支付环节完成交易（图 3-2）。

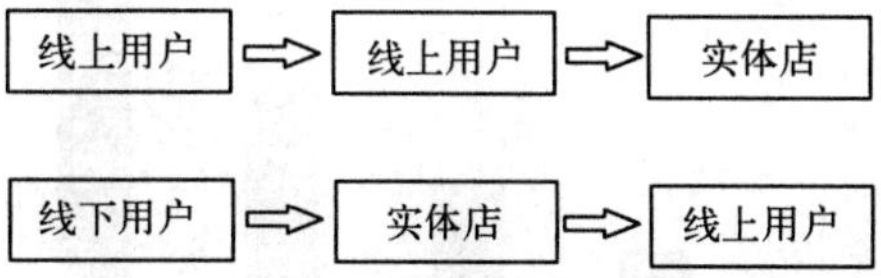

图 3-2　O2O 模式信息流程图

（1）先线上后线下，是线上营销和交易到线下体验，指商家以线上平台为依托和入口，平台将线下商业流导入线上进行营销和交易后，再将用户引到线下享受服务体验的过程。很多本地生活服务性的企业都采用这种模式。

（2）先线下后线上，是线下营销到线上完成交易，指商家通过线下渠道进行营销，让用户享受服务体验，再将线下商业流引入线上平台并进行交易，促使线上线下互动。

（3）先线上后线下再线上，是线上营销到线下体验再到线上交易，指用户通过商家线上推广获得信息并检索到附近的店面后，到实体店进行体验感受，再扫码成为会员之后进行在线消费形成闭环。

（4）先线下后线上再线下，是线下营销到线上交易再到线下体验，指商家先通过线下渠道进行营销，再将线下商业流导入或借力全国布局的第三方线上平台进行线上交易，再让用户到线下消费体验。此处第三方平台多为有影响力的社会化平台。

O2O 模式将电商带入一个新的阶段，实现了将线上虚拟经济与线下实体经济完美结合，即线上购买、线下消费，互联网成为线下交易的前台。水产品 O2O 模式对于从业者的要求相对较高，既要掌握线下实体经营业务也要掌握计算机技术、互联网营销等线上经营业务，水产品 O2O 模式成功与否取决于企业的线上线下两方面的能力，线上业务依赖线下的能力，对线下服务提出更高的要求，线下的服务水平又决定了线上用户的黏度和复购率，只有线上信息与线下服务一致，水产品 O2O 模式才可能发展。O2O 模式是适合水产品电子销售的模式，也是未来推广最有效和可行的模式。从图 3-3 可以看出中国互联网经济 O2O 市场高速发展，2016 年达到 3886.1 亿元人民币，市场规模近年来持续保持 30%以上的增长率，2014 年的渗透率已接近 4.4%。

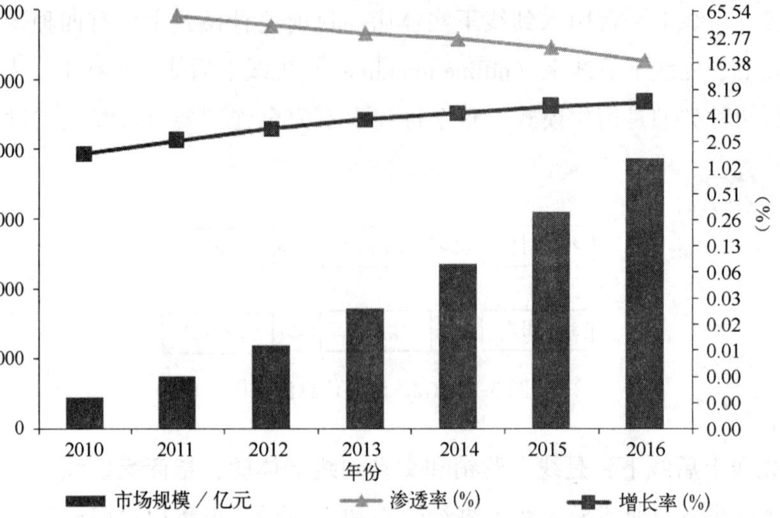

图 3-3　2010—2016 中国市场规模及渗透率图

数据来源：根据中国电子商务研究中心数据整理

3.3.1　O2O 模式优势分析

O2O 模式打破了传统单向式线型供应链，形成了生鲜电商与实体门店相结合的全新商业模式，并成为一种全新的水产品电子商务发展思路（图 3-4）。既解决了水产品运输、保鲜难、退换货的问题，也解决了网购过程中各方信息不对称问题。休闲渔业是典型的体验型经济，采用 O2O 模式进行营销可以充分调动消费者的好奇心、参与度，提高其消费积极性。

O2O 模式不仅为水产品电子商务发展提供机遇，同时又是巨大的挑战，O2O 模式是指线上线下相结合的销售模式。线上渠道包括平台、自营和平台+自营相结合的电商平台；线下渠道包括既包括传统的便利店、社区店和超市等，还包括近几年来新出现的电子菜箱、智能菜柜等。该模式线上与线下相结合完成商品交易的一种新兴商业模式，依托线上的平台以及线下的实体店铺配套销售渠。O2O 模式核心要素是技术优势和人性化服务，并消减水产品传统行业不必要的流程损耗，最大程度优化消费者体验，满足客户需求。

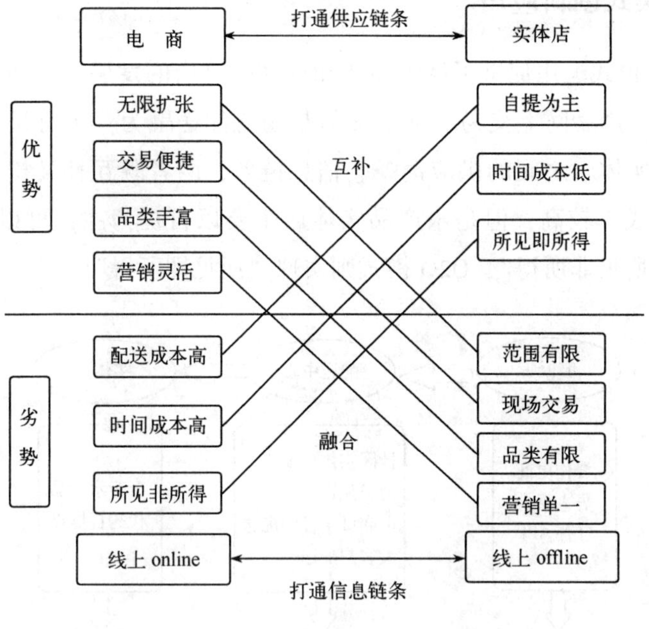

图 3-4　O2O 模式分析流程图

资料来源：根据互联网公开资料整理

3.3.2　O2O 模式劣势分析

O2O 模式线下推广成本和市场培育等是水产品企业发展面临的主要瓶颈。在“互联网+”的热潮下，电子商务销售逐渐形成了新思维、新零售、新营销的互联网新业态，传统的水产品企业对 O2O 模式的认知和接受程度较低，企业决策者比较谨慎。

O2O 的重点是将线上线下的阻隔打通，打造无缝的消费体验。目前水产企业发展 O2O 主要通过 O2O 平台、微信、微博等社交平台、搜索排名、团购和精准投放等方式推广。虽然推广方法众多但需要投入较多的流量成本，同时扩张速度也会相当缓慢，网络推广的覆盖面若不能达到一定程度，消费者的数量是有限的。

线上商品与线下现实产品的差异。O2O 虽然是线上销售，其实消费者真正消费的是线下商品，但对于首次消费的顾客，他们要仅凭图片来想象产品。而每个人的心理预期不同，不同的消费者对鲜活产品的要求和期望也自然不同，如果线下商品不能满足水产品消费者的最低要求，发展 O2O 也将受到制约。

冷链供应是发展水产品 O2O 模式的最主要难题。如果选择销售低端水产品，仅物流费用这一项成本，中小企业就难以承受。高端的水产品价位自然也高，也会对消费者数量及其购买数量产生影响。

3.3.3 O2O 模式创新应用

水产品 O2O 模式运用促进了休闲渔业和社区生鲜店的发展。如图 3-5 所示，O2O 模式的发展使得水产品网上交易、网下交易与物流配送融为一个有机整体，打通水产品电商和水产品实体店之间的供应链条、信息链条，两者既互补又相互融合，如网上购买水产品配送成本较高，但是水产品实体店主要以自提为主，可以降低物流成本。传统的网购会“所见非所得”，O2O 模式则实现“所见即所得”。

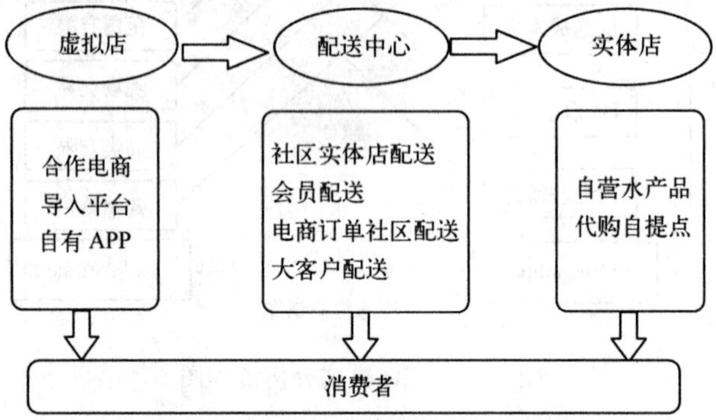

图 3-5 O2O 模式销售渠道流程图

资料来源：根据互联网公开资料整理

3.4 B2B2C 模式分析及创新应用

B2B2C 模式，是对 B2C 和 C2C 电子商务模式的集成。第一个 B 指的是广义销售者，包括水产品成品、半成品和材料供应商等。第二个 B 指的是提供专业互联网服务的交易平台，它为销售者和消费者搭建畅通的信息联系平台。平台是提供高附加值的服务渠道，具有客户管理、信息反馈、数据库管理、决策支持等附加服务功能。C 是指广义消费者。

3.4.1 B2B2C 模式特点

B2B2C 模式与 B2C 模式有很大差异。传统 B2C 模式经营企业需要投入较大资本，建立水产品物流仓储、冷库、配送中心等基础设施，投资成本和运用成本极大，利润空间较小。如图 3-6 所示，B2B2C 模式时企业经营者直接供货给互联网运营商，运营商相当于代理渠道商，从生产厂商那里以较低的价格拿到产品，再以略低于市场的价格卖给用户，运营商赚取的是差价。大多运营商已经建立完善的物流体系，运用规模和营销理念成熟，并且网站用户较多，运营成本相比 B2C 模式要低。运营商还可以为消费者提供电子商务的中介服务，包括信息中介服务、比较价格购物服务等，从而简化消费者网上购物程序，并使他们从网上购物中得到更多的便利和实惠。对用户而言较大的网络运营商质量、用户体验可得到保障。

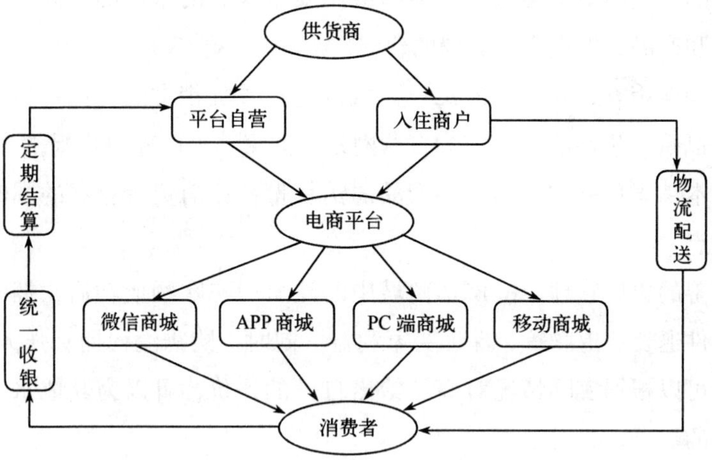

图 3-6　B2B2C 模式销售渠道流程图

资料来源：根据《中国商品交易市场统计年鉴》整理

B2B2C 的电子商务模式分为两类：一类是价格比较购物形式，即将众多网上商家销售产品的价格进行综合比较，使消费者通过对比找到最低价格的产品；另一类是网站比较购物形式，即 B2B2C 网站经过筛选将信誉良好的网上商家向消费者推荐，消费者通过 B2B2C 网站到各个商家购物时可以得到现金返还。水产品由供应商到中间商再到用户，B2B2C 模式将各个产业链紧密联系在一起，整个过程从创造增值价值到价值实现，缩短了中间环节，获得更大利润空间。更重要的是，水产品的特殊性也不允许冗长、繁多的中间环节来增加储藏时间、增加成本、抬升销售价格以及降低产品品质。

3.4.2　B2B2C 模式优势分析

首先，平台以自营商品为主。B2B2C 是以平台自营为主的一种电子商务运营模式，平台自营商品是商城主要盈利点，同时也是保证商品品质最有效的方式，平台运营商通过自主产品的销售保证商城的基础运营，运营商也可以建立自己的大型销售仓库，建立类似线上苏宁、国美的大型连锁超市，通过电商平台完成销售，既节省了线下的各类费用，也将客户群体扩展到所有网民。现在专业水产品 B2B2C 这样的网站还很少，很多是在淘宝这样的网站上交易，即使是专门的水产网站，也很少是平台自营商品。

其次，商家入驻，销售佣金。B2B2C 商城在自营基础上，允许商家申请入驻，入驻商家需要提交营业执照等实体信息，通过平台审核后，可以销售所申请种类的商品，销售过程中买家对平台运营商付款，商家需根据运营商的要求定期申请结算，结算时需扣除对应商品的种类的销售佣金。这样过滤掉一些非法经营的水产品小商贩，有利于保障水产品的安全品质，使消费者能够买到安全放心的水产品，同时无形中也宣传了网站、商家和产品，促进自己品牌的建立。

第三，多种促销方式并存。B2B2C 商城内置多重促销方式，如商城活动、积分商城、团购（商品购、生活购）等，为自营网站、商家、水产养殖户提供多种盈利方式，有效地补充基本销售功能，增加了水产品的销售量，让消费者获利的同时也给商家带来更多的盈利点。

第四，完善的售后管理。B2B2C 商城中的注册用户购物成功后，拥有完善的售后管理，支持单件退货、退款等，保证买家利益。同时，购物流程拥有强大的评价体系，水产品消费者可以根据实际情况对商品给出自己的评价，可以为其他水产品消费者购物时提供有效的参考。

3.4.3 B2B2C 模式劣势分析

虽然 B2B2C 模式可以推动水产品产业的发展，但还是有不足之处。

（1）由于商品质量、服务、配送、售后等关键因素上还需要水产企业自己把控，中间商很难制定统一的标准，导致用户体验差距较大。

（2）在订单处理方面，中间商不了解产品的问题，对用户的需求和问题只能转达给企业，水产品企业无法实现第一时间响应，水产品出现问题，无法明确问题出现在哪里。

（3）B2B2C 的商户订单分散，件数少，第三方物流质量无法保证。

B2B2C 模式虽然是目前最新的电子商务运营模式，但仍然是一柄双刃剑。运营模式的选择要看自己从事的行业，也要看自身经营的侧重点，总之最适合的运营模式才能推动水产品产业的发展。

3.4.4 B2B2C 模式创新应用

“政府+企业（养殖户）+平台”模式是对 B2B2C 模式的创新运用。政府通过成立渔业合作社或渔业协会吸引当地企业、养殖户和渔民等加入，政府提供相关养殖品种和技术支持，并统一收购标准，形成规模效应提升议价能力。同时，政府通过与大型互联网电商平台进行销售，可提升水产品的综合竞争力，打造水产品的区域品牌。

政府对水产品的养殖和加工等过程实施监管保障产品质量，同时还要组织品牌宣传推广。企业（养殖户）向消费者提供放心的产品，配合政府的推广工作和销售平台的线上运营和提售后服务，网购平台主要负责网络运营和网络宣传推广。

“政府+企业（养殖户）+平台”模式的关键在于协会为水产品电商经营主体搭建农村电子商务公共服务平台，提供专业公共服务、网上技术服务平台+线下公共服务平台；政府加强市场宣传能力和业务管理水平，扶持具备一定规模的水产品企业开展电子商务业务。

生鲜电商成为电商领域的新热点，淘宝、京东、1 号店和中粮我买等电商相继上线生鲜频道，各地政府通过与这些生鲜平台合作建设区域地方特色水产品销售平台系统，为众多水产品企业（养殖户）提供网络销售渠道，极大地促进了电子商务销售模式的运用。该模式的优势在于政府与当地企业（养殖户）合作，突出品牌和区域资源优势，再由非营利机构协会参与监督，保证参与企业的公平性和入围产品的质量安全，带动整个水产品电子商务生态发展。

3.5 多平台、多模式综合应用

在线多平台辐射模式是经营主体不只局限于单一销售模式或者单一电商平台，可根据经营主体的具体资源和消费者定位等实际情况合理选择两种或两种以上的销售模式或电商平台。电子商务模式如 B2B、B2C、C2C、O2O、B2F（business to family，企业到家庭）等模式，鲜活水产企可选择 B2B、B2C 模式既面向企业也可面向个人，模式选定后可选择入驻不同的生鲜类网购电商平台，虽然面向的终端消费者不同，产品种类也不同，但可选择以统一的品牌和统一的企业形象入驻，分别在不同平台多渠道营销。我国涉及水产品网站大致分为四类大类。

（1）由政府以及各级地方政府渔业部门所建立的渔业信息资源官方网站。这些网站发布各地方乃至全国的渔业资源信息。

这类网站的优势在于资源信息、行业政务信息真实权威，行政组织机构遍布全国，科研力量强，渔业信息资源丰富。劣势在于政务信息不符合市场需求，网站功能简单，无法从事网络交易和增值服务，行政组织市场运作能力弱。

（2）惠农网等一批为代表的专业技术单位所创立的关于农业技术或渔业技术的专业网站。这类技术专业平台用户可以发布有关农业或者渔业的相关信息，用户之间信息共享，以便及时了解中国水产品交易行情。

对于以销售为目的的企业来说不适合选择以上两类平台。

(3) 阿里巴巴、京东生鲜、1 号店、沱沱工社和未来生活网等一批涉农零售网站获得有效发展。这类电商平台符合市场需求、适合从事网络交易和增值服务、市场运作能力强。

(4) 水产品企业自建的交易平台。水产品企业根据企业规模，产品定位，目标群体等因素选择两个及以上电子商务平台销售。在线多平台辐射模式能够使企业拓宽营销渠道，产品的市场覆盖面更广，提高企业品牌认知度，减少品牌营销费用等。

第 4 章　我国水产品电子商务发展的环境及制约因素分析

水产品电子商务的发展机遇，既源于其内在行业环境的发展，又源于外在的客观环境的推动。环境因素与我国水产品发展电子商务销售模式活动息息相关，水产品电子商务大发展的土壤正在积极孕育之中。本章运用 PEST 分析（图 4-1），通过对发展鲜活水产品电子商务的宏观环境进行分析，包括对政治（politics，P），经济（economy，E），社会（society，S），技术（technology，T）这四大类影响企业的主要外部环境因素进行分析，并在浙江调查的基础上阐述水产品电子商务发展的制约因素。

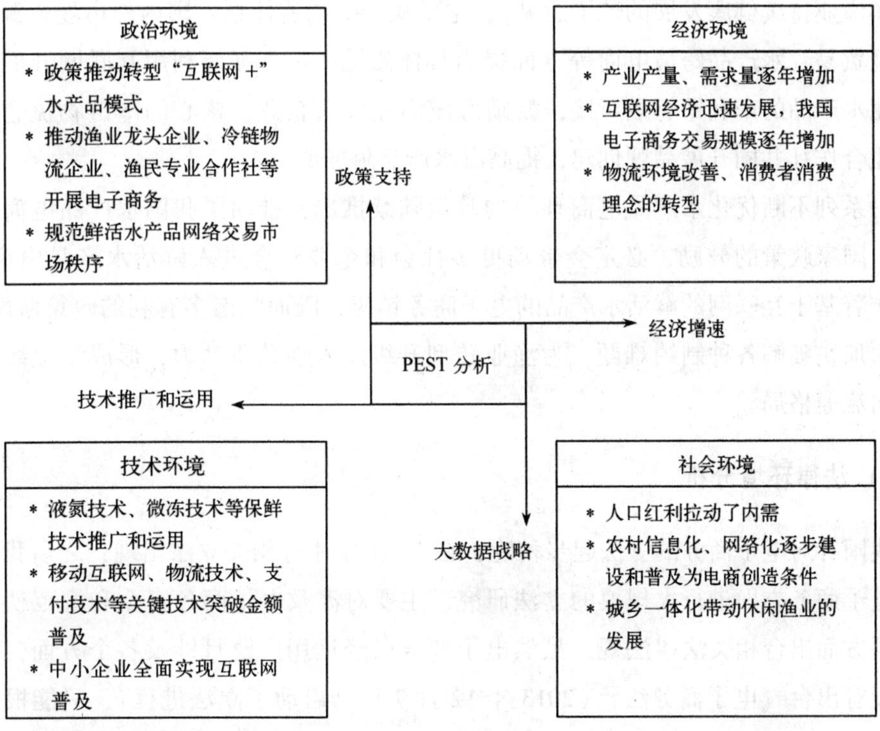

图 4-1　PEST 方法分析图

4.1 我国水产品电子商务发展的环境分析

4.1.1 政治环境分析

1）政策环境分析

国家和地方政府对水产行业给予资金补贴和税收减免等各项优惠，积极支持和推动渔业产业转型升级，一个重要的转型方向为发展“互联网+”水产品模式，并出台一系列政策引导企业转型，具体政策见第 2 章相应部分。

2012 年 9 月，国务院发布《全国海洋经济发展“十二五”规划》。该规划指出：从交易市场、交易平台、配送体系、营销方式等方面进行具体规划，规范交易市场秩序，构建水产品电子商务交易平台，支持建立便捷化冷链配送体系，传统单一的传统营销方式向多元化、现代化、网络化等营销方式转变，打造一批具有较高认知度和较高市场占有率的企业知名品牌或区域品牌。2013 年 3 月，国务院发布《国务院关于促进海洋渔业持续健康发展的若干意见》，主要从冷链物流体系、国内外市场资源，水产品跨境贸易、水产品跨境电商等方面提出具体意见。特别强调利用互联网开展电子商务，使水产品的产和销有效对接，鼓励海洋渔业龙头企业、核心的冷链物流企业、渔民专业合作社共同开展品牌创建，提高海水产品附加值。

一系列不断优化水产品电商环境的政策陆续推出，推动了我国水产品电商的快速发展，国家政策的鼓励，必定会带动更多社会和企业资金进入鲜活水产品电商领域。这意味着基于互联网的鲜活水产品的电子商务销售，既面临诸多有利的政策激励条件，又必须加快破解各种制约难题，为渔业转型升级注入强劲驱动力，形成线上线下融合的双向流通格局。

2）法律环境分析

我国针对电子商务的立法起步稍晚，在 2004 年才有相关立法出现，之后我国便开始在电子商务方面进行大规模的立法研究，主要对涉及电子商务安全和规范秩序等几个主要方面出台相关法律法规。虽然电子商务已经运用广泛且涉及各个方面，但是我国还没有出台《电子商务法》（2013 年 12 月 7 日已启动了立法进程），只能根据不同的细分领域进行逐步完善，通过其他先前颁布的法律来规范电子商务；颁布了规范电子商务支付环境的《非金融机构支付服务管理办法》《第三方支付管理办法》。《网络商品交易及有关服务行为管理暂行办法》出台后从法律层面上进一步强化了电子商务发展的行业规范。目前《电子商务法》草案已经提交全国人大常委会审议，草案对电子商务经营主体销售假冒伪劣商品、侵犯消费者合法权益等进行明确规定，鲜活水产品电子商务活动需要在相应的法律法规约束下开展，我国需加快出台各行业电子商务活动相关法律法规，更好地管理鲜活水产品电子商务活动。

4.1.2 经济环境分析

1）产业发展环境分析

我国是水产品生产和消费大国，西方国家的居民消费多以加工后的水产品为主，而我国居民特别偏爱鲜活水产品，从近几年水产行业的数据来看，行业总产值逐年稳步提高，虽然在我国国内生产总值（GDP）中所占的比重基本变化不大，但是在国家政策的支持下，我国水产业正不断发展壮大，水产品总产量稳步增长，如图4-2所示，2015年我国水产品总产量达6690万吨，其中水产养殖总量占全球总量的61.7%。

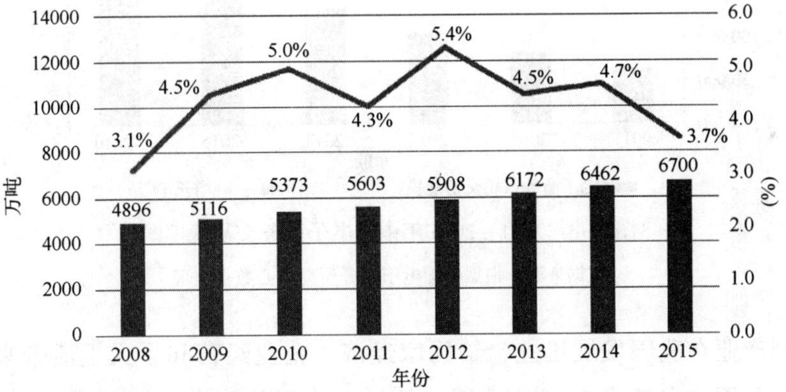

图4-2 2008—2015年中国水产品产量情况

数据来源：根据国家统计局数据整理

我国鲜活水产品主要分为淡水鲜活水产品和海水鲜活水产品，淡水鲜活水产品是利用湖泊、池塘、水库等养殖和繁殖的水产品。我国淡水养殖面积较大，养殖技术成熟；养殖条件好。海水鲜活产品是利用港湾、浅海、滩涂、围塘等海域进行养殖和繁殖的水产品。

目前我国的鲜活水产品消费市场仍将以线下为主，随着居民消费理念的转型，鲜活水产品消费电子商务也会不断发展，未来有更多的经营主体选择利用电子商务平台来扩张业务。2012 年生鲜电商开始发展至 2016 年，目前已经有约 7%的城镇居民通过线上进行生鲜采购，这一比例还在不断增加，特别是鲜活水产品类在线上的起步虽然较晚但增长势头迅猛。

2）互联网经济环境分析

“互联网+”模式迅速发展，如图 4-3 所示，我国电子商务交易规模逐年增加，当前中国涉农电子商务平台数量超过了 3000 个，带动农村经济的快速增长。同时涉水产品电商平台也迅速发展，我国涉水产品网站渔业信息咨询网迅速发展，专业性涉农批发交易网站运行良好，涉农零售网站获得有效发展，基本形成具有综合竞争力的产业网络经济链。

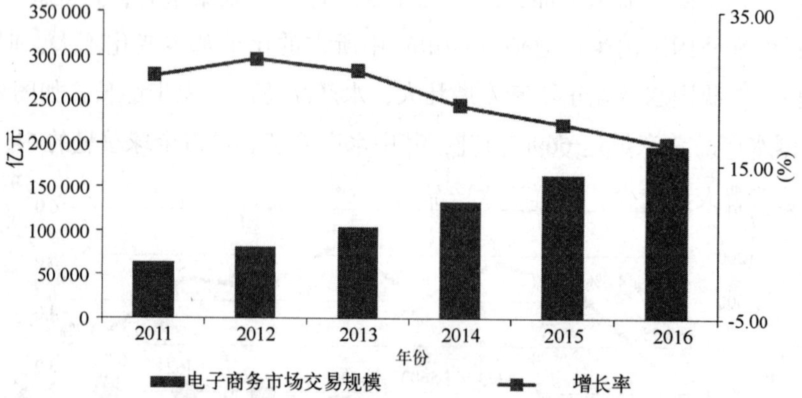

图 4-3　2011—2016 年中国电子商务交易规模图

数据来源：根据中国电子商务研究中心数据整理

互联网产业在我国发展迅速，给国家经济、企业经营和个人生活带来了深刻变革。探索互联网在各产业领域的运用，是加速我国传统产业调整升级的重要途径。水产品行业企业也不断尝试互联网销售，不仅可以精简中间流通环节，还可以加速资金流通。

3）物流环境分析

物流配送滞后向来是鲜活水产品电子商务发展的重要制约因素之一，2015 年中央一号文件《关于加大改革创新力度加快农业现代化建设的若干意见》将生鲜电商称为电商领域的新“蓝海”。此后，又出台一系列政策鼓励电商、物流等企业参与涉农电子商务平台建设，鼓励农村开展电子商务活动，共同破解制约生鲜电子商务发展的物流困境。

通过财政资金的引导和政策的鼓励，我国的冷链物流市场和快递市场发展十分迅速。由于生鲜农产品要从产地到终端配送始终处于冷链环境中，所以一些开展生鲜电子商务活动的产地区域已经建立中小型冷库，一些大型电商通过自建冷链物流配送体系，例如京东商城、天天果园、中粮我买网、顺丰优选等。还有一些大中型冷库和冷链宅配也投入建设，特别是第三方物流配送体系发展快速，直接面向消费者的冷链宅配，其中航空物流配送体系大大缩短了物流配送时间，缓解了鲜活水产品电子商务活动时效性短的制约。

我国已经初步形成大型电商初步建立起的冷链物流体系与独立的第三方物流企业协作，细化分工、相互补充，相互协作目前通过政府及相关企业共同努力，一些大型电商已经初步建立起冷链物流体系，并且与独立的第三方物流企业协作，细化分工、相互补充融合，使得消费者能够及时、方便地获得高品质鲜活水产品。

4）消费者环境分析

尽管我国网购消费者人数不断增加，但是通过互联网购买鲜活水产品的网购消费者相对于总消费人数较少，而鲜活水产品的主要消费人群80后、90后也才刚开始养成网上购买的习惯。不过，随着我国居民人均收入水平不断增加，消费者对绿色、优质的水产品的需求增加，鲜活水产品因其色香味美及蛋白质含量高、脂肪含量低，并通过互联网下单，快递直接送货上门，既节省逛超市时间也购买到高品质产品。需求量随着我国互联网经济的发展和人们收入水平的提高也不断增大，网络购买鲜活水产品已经逐步受到消费者的欢迎，特别是诸多高收入的白领上班族，经济收入高、业余时间较少，网络购买既可以节省时间也可以方便随时购买，是未来鲜活水产品电子商务的主要消费者人群。

通过对鲜活水产品线上消费者和传统渠道消费者比较调查，目前我国有三大消费群体正成为购买网销鲜活水产品的主力军。第一类是中产阶层和高收入消费者。由于鲜活水产品网购的渗透率与消费者的收入是成正比的。32%的中产阶层和高收入者通过在线上购买生鲜，随着中产阶层及富裕家庭占城镇家庭总数的比例不断增加，将提高带动整体线上鲜活水产品购买渗透率。第二类为80后、90后等新生代消费者。年龄偏大的消费者大多不会网购，也没有通过网络购买过鲜活水产品的意识。选择互联网购买鲜活水产品的人数随着消费者年龄的增大而逐渐降低，经常选择生鲜电商购买鲜活水产品的消费者平均年龄为30岁左右，也就是80后、90后消费者为未来消费的主要群体。第三类为网购经验丰富的消费者。消费者最开始会购买风险系数较低的产品，逐步地积累购买经验并逐渐尝试购买风险系数较大的产品，最终扩大到所有商品，当然也包括有需求的鲜活水产品网购者。通过分析这三类消费人群可以看出，通过电子商务平台购买鲜活水产品的消费者具有一定的消费能力和需求。

4.1.3 技术环境分析

1）保鲜技术分析

水产品保鲜技术对开展鲜活水产品电子商务活动展至关重要。目前已有防腐剂保鲜、活鱼暂养等保鲜诸多保鲜方法得以应用，值得一提的是，低温快速微冻这一技术。这种技术是应用低温和超低温技术和新发明的天然成分的微冻液，对被冻结保鲜的水产、肉类食品，用创新的冻结曲线，在微冻液中直接冻结保鲜。

传统冻结方式导致细胞破坏，营养物质流失，冷冻久的鱼就会腐烂。如图 4-4 所示，低温快速微冻方式是把细胞内外瞬间同时冻结，在特制的微冻机内，水产品在温度为-23～-18℃的微冻液当中快速冷冻 10～20 分钟（水产品的品种不同，其冷冻时间有所差异），被冻水产品的细胞未被冻裂，仍保持活鲜品质。最有说服力的例子是，用微冻液冷冻的鲫鱼解冻后仍能活过来，说明鲫鱼细胞未被冻裂，仍有活力。世界第一条智能化农产品微冻保鲜生产线在中国研制成功，并且已经应用到鲜活水产品的保鲜中。

图 4-4　低温快速微冻技术示意图

资料来源：根据互联网公开资料整理

液氮技术的应用最早始于美国，1964年液氮技术在美国开始快速推广并运用，目前液氮技术已在美国食品加工企业中广泛采用，我国一些企业也开始使用液氮技术。液氮是一种超低温制冷剂，液氮的温度可达到-196℃，当其与食品接触后，就能快速地带走热量，超低温和高热交换率实现冷冻，5~30分钟即可完成。液氮技术能使鲜活水产品快速冻结，在水产品组织中形成均匀分布的细小结晶，降低对水产品组织结构破坏程度，保证了水产品的品质。水产品采用液氮技术保鲜的优点：液氮无毒；冻结的水产品品质高；冻结水产品的干耗小；保持水产品的原味和质地。舟山企业海鲜之家就利用液氮技术加工水产品，如舟山冬至带鱼、野生大黄鱼、鲳鱼、小黄鱼等，产品得到消费者高度认可。

2）移动互联网技术分析

电子商务的发展正朝着移动电子商务的大方向迈进。移动电子商务就是利用手机、Pad及掌上电脑等无线终端进行的电子商务。如图4-5所示，中国移动电子商务市场交易规模逐年增加，目前我国已经建成全球规模最大的4G网络。如图4-6所示，移动互联网用户规模和流量使用量飞速增长，移动上网设备大力普及和应用软件的丰富，移动客户端已经基本满足消费者随时随地，方便快捷上网购物，互联网用户逐渐由PC端向移动终端转移已经是大势所趋。尤其是依托移动互联网技术APP模式和微信模式拓展了电子商务销售渠道创新。鲜活水产品经营者可利用APP手机软件开展电子商务活动，消费者可以通过APP搜索随时随地快速定位鲜活水产品，还可以通过APP上的图片信息了解水产品产地、生产者、售价、上市时间等信息，购物体验便捷、迅速。

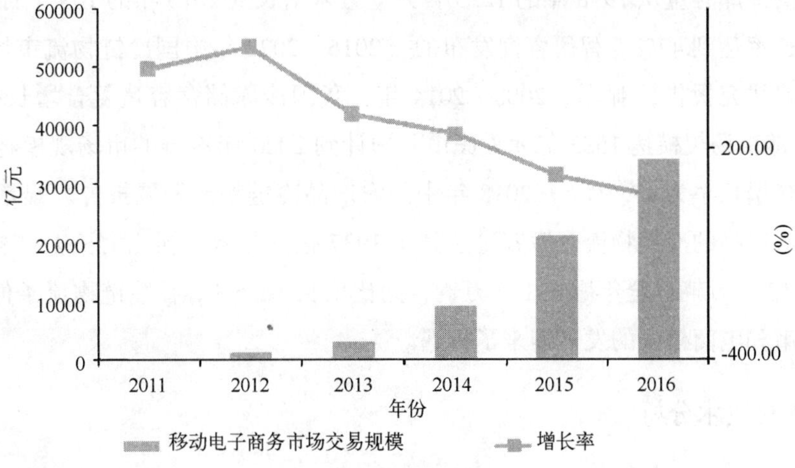

图4-5　2011—2016年中国移动电子商务市场交易规模图

数据来源：根据中国电子商务研究中心数据整理

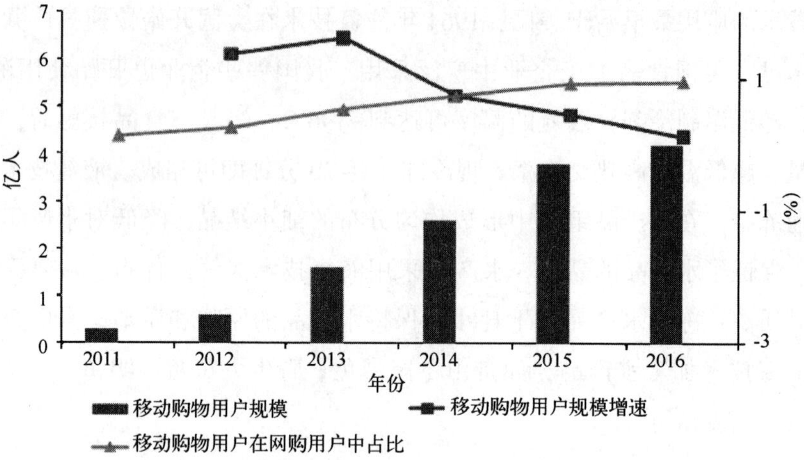

图 4-6　2011—2016 年中国移动购物用户规模及在网购用户占比图

数据来源：根据中国电子商务研究中心数据整理

3）物流技术分析

从技术方面看，冷链物流技术有所突破。生鲜农产品的基本特征就是“鲜”，销售模式的选择需要最大限度地考虑产品保鲜和质量安全，这也是制约生鲜市场发展的核心因素。随着冷链物流技术的进一步发展，生鲜农产品的低损耗运输成为现实，为一些新的销售模式探索提供了机会。但由于该技术刚刚普及，企业需要承担巨额的初始投资和高昂的配送成本。

近些年来，冷库和冷藏车的投资掀起热潮。2014 年《中国冷链物流发展报告》显示，中国的冷库容量从 1998 年的 12.5 百万立方米增长到 2013 年的 103.1 百万立方米，年复合增长率达到 47%。智研咨询发布的《2016—2022 年中国冷链物流市场运行态势及投资战略研究报告》显示，2008—2014 年，我国冷库储存容量复合增长率为 35%，2015 年冷链市场规模达 1583 亿元人民币，预计到 2020 年冷链的市场规模将达到 3479 亿元，复合增长率为 17.1%。《2018 年中国农产品冷链物流发展报告》显示，2017 年全国用于农产品的冷链物流仓库容量达到 1.1937 亿立方米，同比增长 13.7%，冷库车预计达到 13.4 万辆，全年增长 1.9 万辆，同比增长 16.5%。在冷链物流条件成熟的情况下，超市和电商模式的发展迎来了机遇。

4）支付技术分析

随着计算机技术和互联网技术的进步以及人们对电子商务的迫切需求，越来越多的更加安全、可靠、方便、快捷的在线支付手段正不断投入实践，这也是现代商业支付结算方式的发展趋势，如图4-7所示。网上银行开发技术日益成熟，提供的支付方式也越来越完善。网上银行对于个人与家庭的日常消费支付与转账业务，满足个人客户在线支付时代的个性化需求。通过个人网上银行，消费者可随时掌握自己的财务状况，轻松处理生活费用支付、消费、转账等业务。随着国家经济的发展以及“互联网+”战略的提出，跨境电子商务高速发展，我国涌现出一大批跨境电商购物平台。在日常支付中大多都是依靠输入数位密码来支付的方式，这些正逐步被生物识别技术代替，指纹、声音、虹膜等生物标志已经逐步运用于在线支付中。

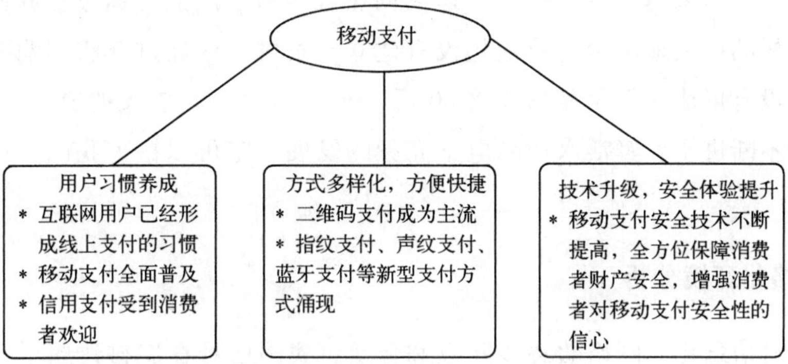

图4-7 中国移动支付现状示意图

数据来源：根据互联网公开资料整理

第三方支付平台快速发展，为客户提供方便快捷的支付形式，降低了卖家和买家网络购物的成本。如图4-8所示，消费者选择第三方支付的占比最大，微信支付次之。由此可以看出第三方机构业务不断创新，客户可根据自身需要进行支付结算服务的个性化定制，并且第三方支付的担保功能给交易双方提供了公正仲裁服务，保障了双方的利益，降低交易风险，提高电子商务交易的成功率。

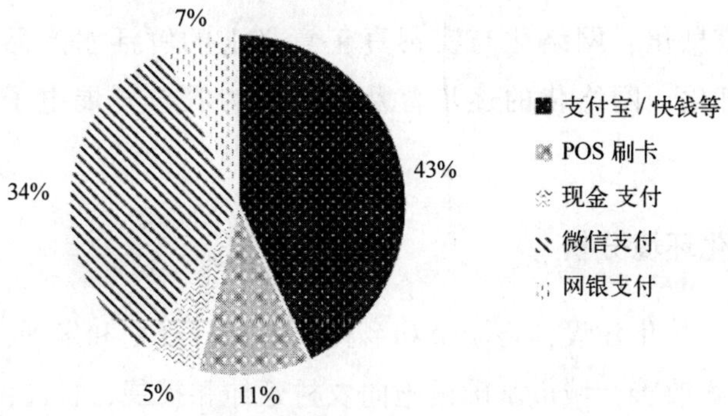

图4-8 2015年中国消费者支付方式比例示意图

数据来源：根据中国电子商务研究中心数据整理

4.1.4 社会环境分析

1）人口环境分析

我国庞大的人口基数拉动了内需，特别是庞大的农村人口数量，充分展示了这一因素的重要性。过去让农民网购几乎不太可能，但是随着改革开放不断深入，我国农民脱贫致富，互联网和智能手机在农村的普及，越来越多的农民通过电商平台购买商品，同时越来越多的养殖户和返乡创业者养殖水产品并通过互联网售卖。虽然在我国农村的广大地区冷链物流还没有建立，农村地区通过互联网购买鲜活水产品的习惯还没有形成，但是相信随着80后、90后等新一代农民的成长，物流技术、保鲜技术的不断进步，鲜活水产品电子商务的发展一定可以搭上我国人口红利优势的顺风车。

2）网络化环境分析

随着农村信息化、网络化逐步建设和普及，我国已经在农村建立了一批信息基础设施和信息服务体系以及适用于农村的科技、信息、文化服务网络平台，许多农村已经实现网络覆盖，为农民开展电子商务活动创造条件，已经有许多村民通过学习科学技术成为新型农民。许多农户已经试水开展农产品电子商务活动并获得成功，信息化、网络化的普及使得鲜活水产品经营者已经开始意识到发展电子商务的重要性，但是众多经营者信息化、网络化意识淡薄，对于电子商务的迅猛发展认识不足，接受应用能力有限，无开展电子商务活动的经验。由于电子商务活动建设开展十分艰巨并且过程繁琐，导致许多经营者对于利用互联网开展销售活动持怀疑或观望的态度，已经开始利用互联网的经营者也仅局限在信息交流和信息发布等初级运用阶段。所谓的信息化、网络化与实现真正意义上的鲜活水产品电子商务销售距离相去甚远，信息化、网络化的逐步普及和完善为农户开展电子商务活动创造有利条件。

3）城乡一体化环境分析

我国提出城乡一体化建设，将城市和乡村统筹进行规划和发展，农村的基础设施和生产条件得到巨大改善，城市基础设施向农村延伸和扩展，目前由于许多城市环境污染严重，城市居民向往农村绿水青山的自然环境、绿色健康的农副产品，城市的居民可以很方便地到农村旅游并体验农家生活，一些传统的民俗文化和传统渔民捕鱼场景经过互联网传播，引起了人们的极大兴趣，特别是自然环境下生长的水产品，许多消费者在当地品尝后，可以通过互联网购买。近年来我国休闲渔业的发展十分迅速，带动当地经济的发展，帮助渔民实现增收。

4.2 我国水产品电子商务发展的制约因素分析

这里以浙江省为例，对水产品电子商务发展的影响因素进行分析。浙江省的水产品生产和加工能力在全国居于中上水平。虽然水产品的电子商务相对于其他生鲜电子商务发展滞后，但是浙江电子商务发展已逐步进入了多模式创新的发展阶段，研究浙江水产品电子商务发展的影响因素对我国其他地区电子商务的发展具有普遍意义。本节主要分析其制约因素。

4.2.1 水产品特性对水产品电子商务模式选择的影响分析

1）保质、保鲜、保活难的特点制约着水产品电商发展

浙江省的生鲜产品约占水产品总产量的59%，包括海水、淡水养殖的鱼、虾、蟹、贝类、藻类和其他水产品，这也是该省水产品消费的主要种类。生鲜产品的消费特点是短、平、快，通常从捕捞到完成销售，时间不超过72小时，以区域性就近供应为主。采用电子商务模式进行水产品的交易，现在的物流水平难以有效突破保质、保鲜、保活的困境。尤其是鲜活水产品存在保活难的问题对电子商务模式选择产生较强的制约。近些年浙江一些企业和养殖户在生鲜水产品网站上销售甲鱼、乌龟、螃蟹、观赏鱼等的尝试中已积累了一些成功的案例。

冷冻产品，是指为了保鲜，将水产品进行冷冻加工处理后得到的产品，约占浙江省水产总产量的32%，是浙江省水产品加工的主要方式。水产品经冷冻后保存时间可延长到12个月，部分产品可达到18~24个月，是水产品调拨和加工原料供应的主要方式，通过冷链运输供应范围可覆盖全国乃至全球。

水产品中的鱼糜制品、干腌制品、罐制品和其他产品如鱼粉、鱼油制品以及珍珠加工品、贝壳工艺品等，因产品形式规避了物流难题，是目前水产品中电子商务市场接受程度最高的品种。

2）水产品质量评价难的特点对电商模式选择的制约

水产品具有明显的“信任特征”，即消费者即便在消费后也不能检查或评价其质量特征。这种特征一般只能被专家或者专业的服务机构披露，如水产品体内是否含有对人体造成危害的生物性、化学性危害因素以及天然毒素等，极易造成一些水产品的生产者、经营者采取不法投机行为，用劣质水产品冒充优质水产品在市场上销售，使消费者蒙受损失。因此，就会出现生产者与消费者的信息不对称的问题，产品的卖方对于产品的质量拥有比买方更多的信息。同时，水产品还存在标识难的问题：养殖主体难以将优质产品的有效信息通过标识以区别不同质的水产品，在这种情况下逆向选择就会发生，逆向选择的结果往往会是次优选择，好的产品会慢慢被淘汰，次的产品往往会占领市场，从而取代好的商品，导致市场中全是次品，最终假货、次货充斥市场，在极端情况下，市场会因此萎缩直至消亡。

这一问题的解决有助于确保水产品质量和安全的经营模式和监管体系的形成。水产品的安全生产和追溯体系在整个水产品的电子商务模式发展中占有非常重要的地位，而且未来的发展也会越来越重要。发达国家对水产品的安全性极为关注，在产品检验和质量控制上大量投入，取得了全球同行业的主导地位。美国食品药品管理局（Food and Drag Administration，FDA）和美国国家海洋与大气管理局（NOAA）对水产品的各类危害进行控制，从养殖的原料、捕捞到加工销售各环节如何实施危害分析临界控制点（hazard analysis and critical control point，HACCP）都提出了相应的准则标准或者模式。1995 年，FDA 颁布的《加工和进口水产品安全卫生程序》中规定：凡进入美国的水产品，其生产加工都必须实施 HACCP 体系，并在美国官方机构注册。近年来，欧盟致力于推行关于水产品链的可追溯性法律法规，致力于建立从养殖到捕捞直至消费者整个链条所需要记录的信息以及信息记录和传递的方法等共同的水产品追溯体系的可执行标准。

浙江的水产品交易量很大，为了解决消费者和商家信息不对称的问题，浙江一些养殖户充分利用品牌建设和政府发布的信息，虽然也起到了一定的作用，但效果不明显。目前，一些欲开展电子商务的企业尝试着建立全程追踪体系，从捕捞上岸到运输，再到水产品批发市场，全程追踪、动态监测。让顾客一目了然，通过互联网可以查询到整个过程，包括生产企业发布的信息以及水产品的数量。顾客甚至可以知道某个市场摊位水产品的剩余量，这样既能让顾客放心，还能保证水产品的质量安全。

4.2.2 渔业经营主体对电子商务模式选择的影响分析

从事电子商务经营的主体主要有渔业合作社、渔业专业户、渔业企业、以渔业为主业的返乡创业者、大学生创业者等。浙江现在大多数生产经营主体还是采用传统方式进行水产品买卖交易。

1）渔业合作社在电商模式选择中难以发挥带头作用

渔业合作社是在以捕捞或养殖大户为基础发展起来的，是为每个养殖户提供服务的一种组织。通过合作社把养殖户的水产品集合起来出售，可以卖一个好价钱。也可以集中采购生产资料，把投资成本降得更低，可以直接增加农民的收入。同时由于生产规模大，获得技术服务方便，产品的质量会更好。

现在的合作社通常是以有一定经济实力的养殖大户为基础成立的，但是绝大多数的合作社却有名无实。有的内部管理不够规范，不按照规章办事，缺少利益联结机制，运转不正常，沦为“空壳社”；有些合作社成立之初就徒具其名，挂个牌子只是为了取得政府资金扶持，成为“翻牌社”；还有一些合作社缺乏各类管理、营销、科技人才，面临土地、资金等诸多因素制约。反倒是真正从事水产养殖的一线渔民能把合作社办好，他们的实际经验较为丰富；但是其短板是文化水平较低，不会利用电子商务平台扩大发展。

2）渔业专业户受制于文化素质，受互联网的影响较小

一些大型的养殖户，通过长时间的养殖经验和资本积累，形成了一定的规模，但是因其文化素质偏低，思维易被限定在传统的交易模式中，创新能力和眼界思路都有局限性，所以不会借助互联网来发展市场。但随着政府对渔业生产专业户进行引导、教育和培训体系的加强，特别是大学生村官和大学生的加入，渔业生产专业户也逐步认识并理解了互联网电子交易，进而成为发展水产品电子商务的参与者。

3）大型渔业企业和返乡创业者是电商模式选择的中坚力量

大型渔业企业具有人才、资金、规模化经营的优质产品优势，具有发展电子商务的条件，又具有发展电子商务的积极因素。在调研中，我们发现许多大型养殖企业也正在开展或准备开展电子商务营销模式，把企业化生产、品牌化营销、市场化融资等工业理念融入水产品生产经营之中的思路正逐步形成。

一些来自农村的大学生和有见识的外出打工者，见多识广，接触了新鲜事物，开拓了眼界和思维，他们看到了很好的机会，返乡创业，对水产品电子商务的发展产生了积极作用。由于浙江城乡经济一体化的不断深化，农村经济实力较强，城乡差距逐步缩小，一些大学生的就业、创业观念也在改变，返乡创业和就业目前已不再是个别现象，有些人选择自己创建平台，技术开发，依托现有生产企业，建立 B2B 和 B2C 的销售平台，拉近养殖户和商家的距离，构建服务商家、养殖户的新型贸易模式。也有些人充分利用第三方平台进行水产品交易，这一模式比较普遍。大学生经过系统化、学院化的教育和培训，了解到互联网的发展前景，其中有一些学生在毕业后就会选择回乡创业。他们把现代电子商务与传统产业相结合，从而带动当地的经济发展。这些大学毕业生是发展电子商务的中坚力量。

4.2.3 浙江水产品电子商务模式选择的交易环节因素分析

1）企业开展自建交易平台发展电商模式的环境需要进一步优化

浙江从事水产品电子商务营销的企业，都是利用发展成熟的第三方平台来销售自己的产品，与顾客进行买卖交易。主要集中在天猫、淘宝、京东、1 号店、中粮我买网等交易平台。在当今电子商务发展环境下，水产品的特殊性，要求电子商务销售，在质量保证、产品安全、产品介绍、制作工艺等方面要与消费者进行更多的交流，这样才能彻底解决水产品生产者与消费者信息不对称的问题。第三方交易平台很难满足这一需求，如现在水产品交易常用的就是天猫生鲜、1 号店生鲜等，顾客认同度较高，而且交易方便，一般都是全程冷链配送，顾客可以放心，但是大部分卖的还是冷冻品和粗加工的水产品。

自建电子商务平台，可以实现企业内部信息交流；可以在平台上通过网络搜索迅速获得最新的商业信息；可以在平台上发布信息，建立网上品牌，保护企业的无形资产；通过企业自己的交易平台可以推广自己的产品，让消费者直观了解，进行交易；还可以借此参与国内、国际市场竞争，为企业创造经济效益。因此，具有规模化经营和优质水产品品牌的企业自建电子商务平台是非常必要的，调查中也发现，一些大型企业正在计划自建这种垂直型交易平台。

目前浙江企业自建垂直型交易平台来发展电子商务的模式刚刚起步。平台的建设必须以企业内部生产与管理的信息化为基础，但同时还需要依赖外部因素。例如，先进的信息基础设施，完善的物流配送体系，良好的社会信用体系，安全且高效的支付结算体系以及规范的法律法规体系等。除了企业自身现有的条件之外，还要依靠政府、银行以及消费者的共同努力。

2）利用大型水产交易市场促进电商模式

对于浙江的水产品来说，发展电子商务最好的方式就是借助一些成熟的大型水产交易市场来建立平台。这比企业自建平台或者借助第三方平台更有利，因为它可以线上线下共同推广，顾客的认同度更高。比如舟山国际水产城，创建的时间早，规模大，这些年各类水产品的交易量大，不仅辐射到全国几十个省市（包括港、澳、台地区），还出口日本、韩国以及一些东南亚国家，并远销欧盟。是集鲜、活、冻、干水产品交易于一市，旅游、购物、尝鲜于一体，产供销一条龙，全方位经营，多功能服务，规范化管理，面向全国、接轨国际的大型产地专业水产品批发市场。所以，借助这样大型的水产品市场建立交易平台是很好的方式。消费者的认同度和使用率也会提高，因为这个电子商务平台依托于一个发展成熟的大型水产品交易市场，对于水产品的准入、准出把控都会很严格，也会进行检测以及定期、不定期的抽查。这样更能保障水产品的质量，它的可信度也会大大增加。

4.2.4 消费者因素对电商模式选择的影响分析

要想发展水产品电子商务，消费者这方面的因素是很重要的。消费者处于整个水产品供应链的终端，是整个水产品质量安全管理中过程的最终目标指向。消费者在水产品安全问题上所体现的态度与消费倾向会对政府和水产品企业的行为选择产生深刻影响，而消费者自身的食品安全实践也决定着水产品安全管理的效用程度。

1）消费者网上购买水产品的习惯尚未形成

作为消费主体，顾客的偏好和顾虑会影响他们对消费的选择方式。通过网上的调查问卷可以看出，顾客一般很少选择在网上购买水产品，而是更愿意亲自去市场进行挑选。究其原因，一方面是消费者网上购买水产品的消费习惯没有形成，另一方面就是消费者对于网上购买水产品有很多方面的顾虑。多年来人们习惯直接去市场购买食材，直接与卖家面对面进行交易，现如今人们更注重食物的安全和质量，去水产品市场直接购买可以亲自挑选、货比三家，买得更放心，交易也更加简便、安全。而在网上购买水产品的话，人们会担心无法鉴别水产品的质量。再者，消费者往往喜欢物美价廉的东西，网络购物看不到实物，也不能保证产品的质量，而且运输费用也较高。所以，比起网上交易，大多数人更喜欢去熟悉的市场购买他们需要的水产品，这可以让他们更加安心。

随着网络购物的兴起，人们逐渐习惯在网上买衣服和日用品、订机票、订酒店等，但是大多数人还不太习惯在网上购买水产品。也许，不久的将来，人们的消费习惯会改变。

2）网上购买水产品的动机是对便利性和产品品质的追求

当今社会，人们的收入提高了，生活质量也相应提高，人们开始注重保健养生，更注重食品的健康和安全。收入水平较高的人群，更愿意选择优质优价的水产品，更希望节约时间、节省精力，因此他们宁愿多花点钱通过电子商务平台购买到能够保质保量的合格水产品。

4.2.5 物流对水产品电商模式选择的影响分析

1）冷链物流发展迅速为水产品商务模式选择奠定了必要基础

在水产品交易过程中，物流是非常大的一个问题。水产品在运输过程中需要考虑水产品的自身条件、监控措施、温度和水质等因素。近年来随着居民消费水平的提高和食品药品安全意识的增强，我国冷链物流运输需求快速增长，基础设施不断完善，冷链物流企业快速增加，初步形成了以公路为主，铁路、水路、航空等多种冷链运输方式共同发展的格局，在满足居民各层次消费需求和保障消费安全方面发挥了重要的作用。浙江冷链物流还需要加强基础设施建设，解决“最后一公里”的冷链物流瓶颈，建立专业服务于冷链产品电子商务的物流集散中心，以降低物流成本。

2）水产冷库总量快速增长，但分布不均

水产品的储藏也是问题，水产品不像其他物品易于保存，它必须放到冷库里。浙江在水产冷库总量快速增长的同时，在技术上也取得了明显的进步，尤其是近年来低温物流的发展更加速推动了这一进步。在低温物流的概念下，一些新建冷库的设计较好体现了“冷库中冷藏链不断”和“冻品进出库和储存操作方便合理”这两项基本要求。但是很多地方的冷库还是比较少，不利于水产品在各地的储藏。要想使水产品运输更便捷，还需要多建造配套的冷库，为更好储藏提供便利的条件。随着水产品产量的逐年增加，水产品进出口量的快速增长以及优质冷冻水产品需求的增加，我国的水产冷冻产业更应该快速发展。

3）快捷安全的物流企业还不多

水产品运输过程中对速度的要求也很重要。速度快可以保证其新鲜和存活率，顾客在购买时也希望能最快收到货品。目前市场上，水产品的运输几乎都会选择顺丰快递，这是因为顺丰可以以最快的空运方式进行运输，而且有专业的包装方法，保证水产品用最短的时间到达目的地，满足了顾客的需求。很多快递公司由于无法满足水产品运输的苛刻要求，未曾涉足水产运输业务。

4）物流成本在下降，但低于预期

顾客借助电子商务平台购买水产品，其中较高的快递费用也是抑制购买欲的一个因素。国家对于运输方面的限制也比较多，如果国家放开政策，对水产品的运输来说也是有很大的帮助。现在鲜活产品运输通道扩大到全国所有收费公路，而且减免收费的品种进一步增加，其中也包括鲜活水产品。主要措施是在收费站实行设立专用通道，对整车合法运输鲜活产品车辆给予“不扣车、不卸载、不罚款”和减免通行费的优惠政策。但是由于物流经营的专业化和规模化效果不佳，劳动力成本上升，物流成本尚未明显下降。

5）农村物流体系建设对水产品电商模式选择正发挥积极作用

发展农村电商，物流、支付和基础设施的“最后一公里”仍是最关键的问题，也是目前最大的瓶颈。国务院出台一系列加快农村电商发展的新举措，着力打通“最后一公里”，把农村纳入配送的范围、连接到支付的终端、接入宽带的设施体系，农村电商才算真正站在了“互联网+”的“风口”。浙江省现在已基本实现农村一站式物流体系的初步完善，建立起了一个比较完善的县域内配送网络。一些地方将银行卡助民服务店和村级电子商务服务点进行了有机整合，虽然刚刚开始接触电子商务，但村民们同样可以足不出村享受到电商带来的便捷。这种多功能的服务点成功实现支付服务与电子商务的功能叠加，农民在大学生村官等懂电脑的人的帮助下，也开始感受到电子支付的快捷和网上购物的便利，这对水产品电子商务在农村的开展也会产生积极作用。

第5章 水产品电子商务销售模式大力发展的可行性分析

本章在水产品电子商务发展环境分析基础上，从水产品电子商务发展的水产品交易的电商平台模式、电子交易模式、网上消费模式、物流配送模式、支付模式、移动电子商务模式等方面的建设条件进行可行性分析，对我国大力发展水产品电子商务销售模式的可行性进行综合评价。

5.1 平台建设模式和平台架构可行性分析

5.1.1 利用现有电商平台拓展水产品交易，效果明显

2005—2012 年，在浙江省市各级政府主管部门的大力支持和推广下，各地的水产流通与加工企业相继在阿里巴巴 B2B 商务平台上建立门店。2012 年起，随着生鲜电商成为电商领域的新热点，淘宝、京东、1 号店和中粮我买网等电商巨头相继开启生鲜频道，浙江水产企业也重燃电商热情。这一阶段的浙江水产企业进入电商领域的主要方式是 B2C 和 C2C。

截至 2012 年年底，在阿里巴巴专为中小企业服务的诚信通商务平台上建站的浙江水产企业已达 2200 余家。吸取前一阶段盲目跟风而受到损失的经验教训，大部分企业采取了相对谨慎的策略，以成本较低风险较小的 C2C 门店作为探路石，探索市场积累经验。

截至 2013 年年底，涉及浙江水产品的淘宝 C2C 网店约有 12000 余家，其中大约 3400 家是各水产企业或代理商以个人名义建立的专营店。与此同时，随着网络零售市场 B2C 比重的逐渐提高，浙江水产企业在第三方电商平台上组建的 B2C 旗舰店的数量和质量也在迅速地增长和提高。2012 年，在天猫商城上建立旗舰店和专营店的浙江水产企业共 18 家，2013 年年底达到 32 家，2014 年新增 9 家，达到 41 家。

2014 年，浙江省水产流通与加工协会与阿里巴巴合作建立“浙江名优水产电商平台”，2014 年 6 月 17 日，“浙江名优水产”天猫专营店正式上线。目前已与浙江兴业、

宁波佳必可、宁波御龙、温州香海、瑞安华盛、温州晶品元、温州乐乐、苍南汤记码头、杭州好时鲜、嵊泗蓝海洋、舟山海洲、绍兴亲亲外婆、台州海之梦等十余家企业开展合作，已上架产品涵盖生鲜水产、冷冻水产、干制水产品、休闲食品、罐头产品、调味品6大类共计80多个品种。

2014年，阿里巴巴计划在未来3~5年内投入100亿元人民币发展千县万村计划，即建立1000个县级运营中心和10万个村级服务站，带动农村创业机会，让“淘宝村”模式在全国范围推广，此次千县万村计划首先在浙江省施行，为浙江水产品提供了良好的交易平台。可见，浙江省水产品利用电子商务发展水产品交易平台，具有地域优势，并且已经取得较好的效果。

5.1.2 在专业性水产网站基础上，构建交易平台

专业水产品网站的功能逐渐完善，例如中国水产网、中国水产科技信息网、中国渔业网、中国水产咨询网、中国惠农网、未来生活网等。2010年创立至今的中国水产交易网累计浏览已超过100万次，受40万行业人群关注，站内拥有上万水产用户数据资源。中国水产交易网由中华全国工商业联合会水产业商会主办，北京中联国信网络科技有限公司承办，拥有会员企业2000余家，分布在全国各地，并且都是经营10年以上具有一定的经营规模和经济实力的企业。中国水产交易网是国内最大、最权威、最实用以及最规范的信息收集整理平台，致力于本行业的信息交流、推广与宣传。

浙江也有一些垂直型网站，例如浙江水产网、浙江水产养殖网、浙江省水产品流通与加工协会、浙江渔业信息网等，在此基础上构建具有特色的专业水产品交易网站是可行的。以行业建立的垂直电子商务，中国水产信息网、中国水产交易网、中国水产技术推广网、中国渔网等，这里中国水产信息网还可以跟水产交易网合作，建立一站式的信息交易体系。

5.1.3 以大型水产品中心批发市场构建电商交易平台正处于探索期

一些较为成熟的水产品批发市场和商城是建设水产品电子商务平台的良好基础。2012年以前，浙江曾建设了6个综合性网上水产商城，但是由于当时缺乏电子支付手段和物流保障，多数网站未能真正实现网上交易的初衷，只能作为企业和产品信息发布使用，目前仍然处于积极探索之中。

中国舟山国际水产城（前身为舟山水产中心批发市场有限责任公司）创建于1989年5月，位于“中国渔都”浙江舟山沈家门渔港，是中国最大的海水产品的产地市场及鲜活农副产品中心批发市场，舟山国际水产城以东海渔区为依托，与全国主要城市

水产批发市场联动建立战略联盟，吸纳水产信息和企业会员，开拓网上市场。但是当前制约电子商务发展的网络安全、物流配送、电子结算三大因素，也同时制约着水产品批发市场网上交易的发展，不过这些难题正逐步得到解决。

5.1.4 大型渔业企业建立垂直型交易平台可行性强

具有优质品牌的大型生产渔业企业，以优质产品和品牌为核心，建立垂直型的交易平台，发展品牌渔业是完全可行的。2005—2012 年，浙江省水产企业曾自建网站 200 余个。例如提到阳澄湖，就会想到大闸蟹，而“王氏水产”专注做大闸蟹，建立了自己的优质品牌。同时，企业自建网站与网店、各地政企合办的地域性水产门户网站等也纷纷涌现。而浙江也有自己的优势特色产品，如梭子蟹、黄鱼、带鱼、青蟹、甲鱼、乌龟、牛蛙等。这些特色优势产品和一批龙头企业是浙江发展电子商务平台，加快品牌渔业发展的重要基础。

5.1.5 水产品电子商务平台的架构已逐步形成

水产品电子商务平台的架构分为：信息服务平台、交易平台和综合性平台三大类。各级政府水产部门已建立起了一批旨在推广水产品技术、提供科技市场信息、加强安全生产、强化水产品生产监管的水产品网站和农业门户网站，此类网站能为市场提供较多的商业信息，促进了电子商务模式的推广。以大型电子商务平台为基础的第三方水产品交易平台已基本成熟，随着物流业的发展，已经能很好地为中小渔业生产者提供电子商务模式经营的服务。一些具有较强实力且拥有优质核心资源的企业正在积极搭建自己的综合性的平台，既提供信息，又提供交易，使浏览信息和购买可同时完成。

5.2 水产品电子交易模式可行性分析

5.2.1 电子交易技术逐步成熟

电子交易（electronic commerce）是指应用信息技术来传递商务信息和交易，是使用技术、应用和商务过程来联系企业的电子商务形式之一。水产品电子交易就是在水产品销售过程中全面导入电子商务系统，利用信息技术，进行需求、价格等信息的发布与收集，以互联网为媒介，依托水产品生产基地与物流配送系统，使水产品交易能够安全地实现，达到快捷支付。目前电子交易技术逐步走向成熟，网上交易将互联网等信息技术与水产品交易很好地结合，给传统的水产业带来新的生命和活力。

5.2.2 电子交易的多种模式都适合运用到水产品电子商务

电子交易市场对交易系统模式进行了多样化的设计，共包括10个模式：卖方挂牌、买方挂牌、在线竞买、在线竞卖、在线洽谈、双向竞价、集合竞价、竞价专场、在线招标、在线专场。这10种模式适合在大批量的水产品交易之间进行，因为小批量零售时不存在竞价、招标等环节，这些模式适合中国水产交易网、舟山国际水产城、阿里巴巴等这样大批量交易的网站。目前的电子交易市场可以提供的模式多种多样，也为电商的发展提供了非常有利的条件，像B2B、B2C、C2C、O2O等多种电商模式都能满足市场交易的需求。

5.3 网上消费模式可行性分析

随着物流和电子支付工具不断完善，网上消费模式逐渐多样化，越来越多的消费者选择网上购物。水产品电子商务的消费模式可以归纳为以下三种主要模式。

一是浏览型消费模式，它是一种获取信息的模式。商家利用电子平台发布信息，宣传自己的产品和企业文化，为用户提供免费的技术咨询、教育培训或在线学习等服务。广大渔民可以通过网络平台获取市场信息，了解专业的水产养殖知识、技术，水产品质量的好坏和辨别水产品质量的方法以及水产品价格、销量等情况。还可以在网上找到合适的技术指导人员，为渔民进行水产技术方面的培训。

二是交易型消费模式，指人们通过电子商务平台直接进行交易的网上消费。

三是综合型消费模式，是指电子交易平台呈现多元化、全面化。这种交易平台既可以浏览水产品相关信息、获得教育和技术指导，也可以进行水产品网上交易和获得反馈服务等。

5.3.1 浏览型网站较多，但信息量不足，消费需求大

目前一些专业的水产品网站，如中国水产品网、中国水产养殖网、浙江水产网、浙江水产养殖网、浙江渔业信息网以及各级政府的农业或渔业管理部门的门户网站，都属于浏览型网站，提供浏览消费功能。但这些网站中有不少都存在信息量不足、更新较慢的问题，有些网站上只有一些水产品图片和企业介绍，顾客并不能真实了解水产品的质量，因而也就无法满足消费者的需求。

5.3.2 交易型消费出现向垂直化和国际化方向发展趋势

一些以大型渔业养殖企业为中心构建的水产品交易平台，以其优质的水产品

牌为核心，构建自己的电子平台来发布信息，并展示自己的水产品；消费者可获取关于水产品的信息以及在网上购买水产品。而很多中小型水产品商家会选择利用现有的电商交易平台，通过第三方进行交易，因为现有的电商交易平台技术成熟、口碑好、客流量大，在上面构建水产品平台有利于品牌的推广，增加水产品的成交量。例如，天猫商城的天猫生鲜、1 号店生鲜，很多中小型商家利用其平台开店，方便人们购买水产品。同时大部分消费者会选择在一些信誉高的大型购物网站上消费。

越来越多的消费者开始青睐垂直电商的运营模式。美国最大的购物网站亚马逊虽然经营的产品包罗万象，但是各个产品类别都有自己的专业团队独立运营以符合不同用户的需求。垂直化运营的优势在于专注和专业，能够提供更加符合特定人群的消费产品，满足某一领域用户的特定消费习惯，因此能够更容易取得用户信任，从而加深产品的印象和口碑传播，形成品牌和独特的品牌价值。浙江沿海地区，水产品种类繁多，从事水产品加工销售的企业更是不计其数。所以，规范水产品市场，为生产商和消费者提供更安全便捷的交易平台，发展行业内的垂直电子商务模式，是适应消费者消费偏好的合理选择。

跨境农产品电子商务是一种新型的交易消费模式。2014 年 10 月 24 日，阿里巴巴启动韩国农产品直批进入中国活动，首批主要推广韩国的 96 种商品，几乎覆盖了整个食品大类。可见，跨境电商很受欢迎。水产品跨境电商一般是利用现有的大型电子商务平台进行交易，通过国内外合作进行销售产品。目前国际 B2C 跨境电商平台主要有速卖通、亚马逊、eBay、Wish、兰亭集势、敦煌；进口跨境电商平台有洋码头、天猫国际、苏宁云商海外购、网易考拉海购、顺丰海淘；境外电商平台主要有 Flipkart（印度），Walmart（美国），Yandex（俄罗斯），New Egg（美国新蛋网），Trademe（新西兰），Mercadolivre（美兰卡巴西），Ali（阿里），Dhgate（敦煌网），Ipros（日本最大制造业网上贸易平台）。

5.3.3 综合型消费模式正在迅速成长

商业综合体消费模式是一种新型的消费模式，例如以大型水产品交易和批发市场为基础构建的网络平台——舟山国际水产城。它建立时间早、规模大、有渔港岸线 1200 米，500 吨级以上浮动泊位 13 个，是面向全国、接轨国际的大型产地专业水产品批发市场。

水产城分布有活、鲜、冻、干四大交易区及加工和配套服务区，并且以它为基础建有大型水产专业网站“中国渔市”。人们可以去水产城直接挑选、批发水产品，还可以登录其官方网站，进行浏览消费。在中国渔市网站上，定期发布国家在农产品、水产品方面的政策信息、行业资讯。同时也会发布最新的水产品价格指数分析，还会提供买卖双方的供求信息，帮助人们建立联系，实现双赢。

中国渔市网站上还有养殖技术咨询平台，渔民们在水产品养殖方面遇到难题可以在上面进行交流和解惑，得到技术帮助；网站也会公布一些最新的保鲜养殖技术，供大家学习。对于水产品不太了解的消费者，可以在网上找到相关的水产品法律法规、国际条约，简单地学习辨别水产品质量好坏的方法，防止购买过程中上当受骗。

线上线下相结合的休闲渔业也逐渐受到人们的欢迎，随着都市生活节奏的加快，人们工作压力不断增大，越来越多的城市开始发展都市休闲渔业。休闲渔业就是利用都市人休闲、空间时间来充实渔业的内容和发展空间的产业。它的发展在为农民提供更多就业机会，为社会提供休闲产品，为人们提供休闲处所，增加农民收入等方面正发挥着越来越大的作用。目前主要有以下几种类型。

（1）吸引社会投资型。在城市周边交通和环境较好的地方，利用社会投资发展起来的休闲观光渔业。

（2）利用养殖渔场发展型。城市近郊渔场因为地理位置较好，养殖的水产品很受消费者欢迎，人气很旺，这就促进了休闲渔业的发展，同时也带动了渔场休闲渔业和周边农家旅游业的发展。

（3）以海鲜餐馆为载体发展型。利用当地地理优势及旅游业优势，积极开发以吃海鲜、休闲旅游为主题的休闲渔业，收到了很好的效果。这些休闲渔业可以和互联网相结合，实现线上线下共同运营的模式，人们可以到实地进行垂钓、品尝，进行直接消费，还可以在其网站上进行水产品购买以及水产知识的了解。

中国渔市网站上还有休闲栏目，主要是向消费者介绍了海洋旅游、水产品餐厅推荐、海钓技巧等方面的内容，并且有美食专栏，上面详细介绍了海鲜美食的制作方法。消费者可以在该网站上获取大量的信息，提高了人们的兴趣，满足不同消费群体的需求。这类网站既有很高的可信度，又深受广大消费者的欢迎，应该大力倡导和支持。消费者可以通过这类网站受益，满足自己的各种网上消费模式，培养网上消费习惯。

5.3.4 人们对便利的追求和智能信息设备的普及助力网上消费

随着互联网的普及和电子商务消费模式的发展，消费者的消费模式已渐渐从传统的直接购买转变为网上消费。当今社会生活节奏加快，各方面压力增多，人们更愿意选择一种简单便捷的方式来满足生活的需求，也逐渐养成网上消费的习惯。人们可以在浏览水产品电子商务平台的同时了解水产品相关知识、获得技术培训、咨询等。这比在日常生活中获取知识更加方便。

消费者直接在网上购买水产品，配送到家，节省了时间和精力。新型的线上线下结合的综合消费模式将成为大型城市人群的消费主流。

人们的消费模式越来越多样化，电子商务的发展使人们的网上交易更加便利。各个年龄段的人都在学习使用计算机、手机等电子产品进行沟通、咨询、消费。随着互联网技术的飞速发展，在线消费模式也将更加普及。水产品电商平台的建立，可以有效地把传统的水产行业模式与电子商务模式相结合。水产品的消费模式更加多样、便捷，整个行业也更加规模化发展。

5.4 物流配送模式可行性分析

5.4.1 国家政策助力破解物流配送难题

物流配送滞后向来是水产品电子商务发展的重要制约，中央及各部委一系列关于破解物流政策的出台（在 2.3.1 中已有详细阐述），特别是 2015 年中央一号文件《关于加大改革创新力度加快农业现代化建设的若干意见》将生鲜电商称为电商领域的新“蓝海”“创新农产品流通方式”“大力支持电商、物流、商贸、金融等企业参与涉农电子商务平台建设，开展电子商务进农村综合示范”，国家政策的鼓励，财政资金的引领，必定会带动更多的社会资本和企业进入现代物流基础设施和物流发展的建设中，必将给各地的水产品电子商务发展的物流环境带来根本性改变，制约水产品电子商务发展的物流问题将不会长期存在。

5.4.2 自营物流配送模式是当前被广泛采用的一种配送模式

自营物流配送模式是指电子商务企业着眼于企业的长远发展考虑，自行组建配送系统，并对整个企业内的物流运作进行计划、组织、协调、控制管理的一种模式。自建物流一般有两种形式：一是有资金实力的电商公司自建物流体系；另一种是有完善物流体系的物流企业自己建立生产和销售渠道。1 号店、京东等电商就属于电商自建物流模式的典型，它们的自有物流配送占比达到 70% 以上。而河南大地果业则是由物流企业自建生产和销售渠道的典型。该模式的优点是有效地减少了物流环节，降低了物流成本。由于车辆和仓库都是自有的，所以方便统筹和调度，有效地减少了空返等物流资源浪费现象的发生。

自营性配送模式是当前生产流通或综合性企业（集团）广泛采用的一种配送模式。企业（集团）通过独立组建配送中心，实现内部各部门、厂和店之间物品供应的配送。由于这种配送模式中糅合了传统的“自给自足”的意识，形成了新型的“大而全”“小而全”，从而造成了社会资源的浪费。但是就目前来看，该模式在满足企业（集团）内部生产材料供应、产品外销、零售商店供货和区域外市场拓展等企业自身需求方面发挥了重要作用。

5.4.3 第三方物流配送模式需进一步加快发展

第三方物流配送模式以签订合同的方式，在一定期限内将部分或全部物流活动委托给专业物流企业来完成，也称这种模式为外包物流配送模式。目前我国的第三方物流配送模式提供商主要包括一些快递公司（如顺丰、申通、圆通等）和国内邮政体系（e邮宝）两种配送业务。目前仅顺丰能提供第三方鲜活物流。e邮宝具有广大的网络渠道优势，相信它能够在体制改革上有更大的突破，开展生鲜和鲜活物流业务，对水产品电子商务的发展将产生巨大作用。

使用该模式的农产品电商大都资金实力不是很雄厚，且销量不是很大，比如淘宝生鲜卖家。这类电商企业与第三方物流企业签订配送合同，将自己的货物运送至买家。该模式投入较少，电商企业与物流企业是合作关系，无需为物流企业的运营负责。

很多企业没有任何自己的物流实体，这些企业将商品采购、储存和配送都交由第三方完成。这种情况运用得较多，操作起来比较方便。企业不需担心运输问题，节省了自建物流运输的财力和精力。但是依靠第三方物流进行配送也存在一定的风险，尤其是水产品运输过程中。由于对储藏的冷库和冷链运输车要求较高，顾客对水产品的新鲜程度的要求也高。如果运输的时间没有保障，就会导致水产品变质、毁坏等质量问题，从而影响商家信誉和形象。

5.4.4 物流联盟配送模式需大力发展

物流联盟是物流配送需求企业或者物流企业之间为了提高配送效率以及实现配送合理化所建立的一种功能上互补的配送联合体。电子商务物流联盟模式主要是指多家电子商务企业与一家或多家物流企业进行合作，或多家电子商务企业共同组建一个联盟企业为其提供物流服务，为了实现长期的合作而组合到一起的组织方式。该模式的优势在于减少了电商物流企业的投入，降低了投资风险，并有效地扩大了物流网络覆盖的面积。

加盟电商物流企业必须满足联盟物流的规章制度方可入盟，所以该模式在一定程度上可以提高我国农产品电商物流的整体水平。但由于各个物流企业冷链设备参差不齐，现阶段农产品电商很少使用该模式进行配送。

5.4.5 水产品冷链物流产业具有巨大的发展空间

现代物流业作为逐步兴起的生产性服务业的典型代表，在我国经济社会尤其是制造业发展过程中，正发挥着越来越重要的作用。各级政府一直把加快推进现代物流业发展作为调整经济结构、转变增长方式的实际工作，但是我国的物流业仍然不能满足市场需求。据有关媒体报道，全国每年仅运输途中腐烂变质的水果、蔬菜等食品价值约为700亿元人民币，造成了巨大的经济浪费，这一损失中有相当一部分是由于采用不恰当的运输方式所导致的。如果能在水产品运输过程中引入一站式冷链物流服务，就可以最大限度减少水产品在运输过程中的损耗，因此水产品冷链物流这一新兴产业拥有巨大的增长空间。

随着经济全球化的进一步加快，国际水产贸易量持续增长。全球水产品约有38%在国际间进行贸易流通，贸易额的50%以上产生于发展中国家，而大约80%水产品出口到美国、欧盟各国和日本。渔业生产的持续发展，极大地支持了中国水产品对外贸易的发展，目前水产品的运输都采用冷链物流。

目前，国内较为完备的冷链物流和生鲜物流企业主要服务于B2B业务，B2C的冷链宅配除顺丰冷运外，主要是一些大城市的区域性服务商，比如上海黑猫宅急便和一些生鲜企业自营的冷链物流体系。能覆盖全国的全程冷链物流服务商尚未出现，即便是顺丰冷运，由于其高昂的运输成本（平均每个订单成本40元人民币以上）和有限的辐射范围，仍无法成为水产电商的首选。目前多数水产电商企业采用泡沫箱加冰袋的方式外包给第三方快递公司派送；对于保鲜条件和时效性要求更高的鲜活产品，则通常采用B2B或B2B2C模式在当地寻找合作商完成配送。

现代冷链物流越来越重视物流与信息流的相互配合，并以高效化、相对较低的成本提供较高的客户服务水平。快速、实时、准确的信息采集和处理是实现冷链物流高效化和降低成本的重要基础。随着信息技术的进步，全球定位系统（Global Positioning System，GPS）和射频识别技术（Radio Frequency Identification，RFID）在现代冷链物流管理领域有着广阔的应用前景，对冷链物流企业优化资源配置、提高市场竞争力将起到积极的促进作用。

5.5 支付模式可行性分析

5.5.1 电子商务支付体系已初步形成

电子商务支付系统是指消费者、商家和金融机构之间使用安全电子手段交换商品或服务，即把新型支付手段（包括电子现金、信用卡、借记卡、智能卡等）的支付信息通过网络安全传送到银行或相应的处理机构中来实现电子支付，是融购物流程、支付工具、安全技术、认证体系、信用体系以及现代的金融体系为一体的综合系统。电子支付是电子商务业务流程的重要环节，服务于电子商务资金流的电子支付与结算及其安全性已经成为商务各方关注的焦点。保密和确保交易的安全性问题，并非是不能解决的问题，只要加强信息安全教育，掌握一定的信息安全知识，是可以防范的。

电子商务常用的支付方式有货到付款、网上银行支付和第三方平台支付三种形式，现已初步形成完整的体系。

5.5.2 货到付款支付受消费者青睐，但受水产品自身特点制约加大

货到付款又称送货上门，按照客户提交的订单内容，在承诺配送时限内送达顾客指定交货地点后，双方当场验收商品，当场交付货款的一种结算支付方式。货到付款是中国特色产物，号称第三方支付的最大杀手，它源于中国用户的使用习惯。

为了让消费者放心，有的水产品企业采用的是货到付款，如果送到后有什么问题，可以当场退货。水产品企业通过网络销售使水产品的流通环节减少，并且装卸、搬运的次数也会减少，这样可以缩短与消费者之间的距离，提高水产品的鲜活度，降低水产品的耗损率，保证了消费者在签收时水产品的新鲜和质量，减少了消费者的退货率，同时也消除了消费者网购看不到实物的顾虑。

目前，许多水产网站并不支持货到付款的支付方式，主要是因为这种支付方式对于水产品来说会有许多弊端，水产品对保鲜、搬运、包装、冷藏等要求较高，如果在运输过程中发生变质、破损等问题，再送到消费者手中时，消费者就会拒绝收货并付款，或是送到消费者手中质量没有问题但是消费者不愿意签收，那么，再将水产品原路退回就无法保证水产品完好无损。这个过程中存在着很多不确定因素，而且水产品保质期太短在运输途中会发生变质，这对于销售者不只是运费的损失，一些特殊的水产品就无法再次出售，因此也会导致巨额损失。

货到付款与O2O模式相结合是较合理的支付方式。如拉卡拉生鲜除了在线付款外，

线下付款也十分活跃，它依托原有便民服务支付业务，通过街边小店，首先选择客群密度较高的小区做试验。社区居民在拉卡拉移动商城下单后，与拉卡拉合作的社区小店就会将生鲜商品送货上门。客户确定货物无问题后再进行付款，线下付款既解决了消费者无法看到实物的顾虑，又带动了经营者生鲜的销量。

5.5.3 网银支付已逐步为市场接受

网上银行支付是电子商务的一个重要组成部分，是现代安全支付的一种形式。网银支付除了方便、快捷之外，还具有以下优点。

（1）较高的安全性。网上银行普遍采用了多重措施保障交易安全。

（2）交易的实时性。网上银行利用银行系统直接进行支付结算，在交易时银行会根据收款方接口的不同实时验证支付信息，从而杜绝了假冒交易风险。而且网上银行实时扣费和结算，也杜绝了拒付风险，保障了收款方利益。

（3）记录的真实性。与柜台交易一样，银行系统会对网银交易进行强制记录，真实记录下双方的交易信息，以备在出现纠纷时解决问题。

在浙江，网银支付方式悄然惠及田间地头，绝大多数寻常百姓和小微企业主最频繁、最直接接触电子商务的方式莫过于日常使用网银支付。它能够迅速实现货币结算和资金流转。2015 年上半年中国人民银行杭州中心支行提供的数据显示：浙江省农村地区网银用户达 4481 万个，通过电子支付手段发生交易 7. 54 亿笔，金额实现了 25. 28 万亿元。而农村手机支付用户数则高达 3745. 9 万个，发生交易 5. 55 亿笔，金额达 1. 46 万亿元。

5.5.4 第三方平台支付活跃，支付平台正在迅速发展

第三方支付平台是指由已经和国内外各大银行签约，并具备一定实力和信誉保障的第三方独立机构提供的交易支持平台。实际上，它就是买卖双方交易过程中的“中间件”，在通过第三方支付平台的交易中，买方选定商品后，使用第三方平台提供的账户进行货款支付，由对方通知卖家货款到达，卖家进行发货，买方检验物品后，就可以通知付款给卖家。同传统的银行支付比较，第三方支付平台的出现最大限度地降低了电子交易中的欺诈行为，保障了双方的权益。

阿里巴巴联合中国工商银行、中国建设银行以及招商银行等国内多家金融机构共同打造了“支付宝”第三方支付平台。支付宝支付的优势是诚信度高、转账无本化、方便、快捷、有一个可信任的中介。劣势是有一定的风险，不能很好地打击网络诈骗，在遇到黑客的情况下资金安全问题就很难得到保障。

由易趣联合 PayPal（贝宝），集和了包括工商银行、建设银行、招商银行、农业银行

在内的全国14家银行的网上银行，成立了“安付通”第三方支付平台。我国目前还有腾讯的“财付通”，慧聪网的“买卖通”、首信的“易支付”、淘宝网电子商务网站支付模式。

2012年6月余姚塑料城网上交易市场建立的第三方支付机构“甬易支付”，获得了中国人民银行颁发的《支付业务许可证》。“甬易支付”以大宗商品交易支付结算为切入口，以解决支付结算服务中的供应链融资、票据支付、现代物流等多元需求。银行机构和第三方支付机构无缝对接余姚塑料城网上交易市场后，二者有竞争有合作，共同推动市场发展。仅2014年，余姚塑料城网上交易市场就实现了35万余笔的电子支付结算量，支付结算额近550亿元。与上述情况形成鲜明对比的是，水产品行业尚未成立第三方支付平台。

这些第三方支付平台的本质是一个拥有充值、取现接口的网银网关加一个后台账户系统，添加上一定的信用和资金担保功能。特点是：十分方便、快捷，操作简单易于被接纳，实时付款，降低了成本。这些第三方支付平台如能得到进一步发展，将可以为浙江水产品电子商务网站的开发和消费者提供更多的便利。

5.6 移动电子商务模式可行性分析

5.6.1 移动电子商务模式优缺点比较

目前移动电商主要有三种模式：以手机平台为主的APP模式、以依托计算机平台的Web网页模式和以微信为主的微商平台。移动电子商务模式分类、特点、优势及劣势详见表5-1。

表5-1 移动电子商务模式的分类及特点

模式	特点	优势	劣势
APP	购物体验便捷，界面有限；淘宝、天猫APP是目前的主要代表；垂直电商的重要模式选择	拥有庞大的用户群。APP用户每天都在增加，对于APP开发市场来说又提供了众多机会； 便携性。手机虽然可能不是一个理想的游戏设备，但毕竟人们总是随时随身携带，这样手机购物很可能成为人们消遣时间的首选； 支持网络。因为手机是联接互联网的设备，在一定限制因素下可以实现社会群体的分享	屏幕限制。不同手机的屏幕大小有差异，而用户总是希望使用自己特定的手机上所有可用的屏幕空间； 应用程序大小限制。大部分手机只有很小的内存空间供应用程序使用。此外，对可运行的应用程序的大小还有来自运营商的其他限制； 等待时间长。在计算机上以微秒计算，在有线互联网上以毫秒计算，而在无线网络上则要以秒计算

续表

模式	特点	优势	劣势
Web	满足所有需求，场所有所限制	随着移动设备越来越多，可以提升用户体验； 没有网页版本区分，SEO 的策略保持一致； 可以避免重复内容，专心维护这一个网页，保持网页的原有链接	运用的方式不便捷性。网页受计算机平台的影响，在参与商务活动必须依靠； 界面限制性。由于受屏幕的限制，以及广告商的影响所关注的产品不易获取性
微信平台	多次营销；专业直销模式；以微信手 Q 为主的京东和第三方是其主要代表	查看附近的人； 厂商的利润空间大； 点对点营销，二次营销； 省掉中间环节，从厂家到消费者	传递的信息量较少，时有欺骗； 必须要两者都上微信时才能收到对方信息，如果是急事就会耽误； 容易出现猥亵、暴力的话语，不利于青少年的身心健康； 发状态的字数有限制，尚需改进

5.6.2 移动电商模式为水产品电子商务带来机遇

移动电子商务是指以信息技术和全球网络系统为依靠，在互联网上建立一个虚拟的交易市场，以移动设备或者非移动设备为接收端口，实现了农产品的从生产、分配、交换、销售的全过程信息化服务流程。利用移动设备的便捷性，宣传农产品信息，拓宽农产品销路，一种新型的高效率农业经济形式会为我国农业经济的发展创造出惊人的业绩。

当前农产品的销售方向大多为实体渠道，农产品和水产品的销售模式可以利用移动互联网的普及性与广域性这一特点，实现移动电子商务现货交易，为了提升农产品的质量，还可以有涉农服务，发布农产品信息以及农产品和水产品的物流渠道管理功能。现有的移动电子商务主要使用 WAP（无线应用协议），GPRS（分组无线服务技术），4G（第四代移动通信技术），IP（网际互联协议），GPS（全球定位系统），SMS（短消息群发服务）等技术，通过移动互联网为客户提供服务。客户可以通过移动终端进行商品的选择购买，如果所用平台支持，甚至可以通过移动终端对商品的产地、运输和成分进行监控。

5.6.3 水产品移动电子商务模式选择

从表5-1中列举的三种平台模式的优势和劣势比较可以看出：微信具有相对的成本优势，但是从消费者的消费行为来解释，食品安全重于价值优惠。所以，目前这三种模式在水产品的运用中以网页和手机软件（即APP）模式为主。在交易和互动比较频繁的水产品电子商务中APP应是首选模式，浏览型平台采用的网页模式的成本更低。在不以交易为主的O2O和休闲渔业的电子商务中，更能发挥低成本优势。

5.7 大力发展水产品电商销售模式的可行性综合评价

近几年来随着生鲜农产品电子商务政策环境和法律环境的不断出台和大力完善。“互联网+”的持续升温，互联网应用范围不断扩大，应用创新和商业模式不断出现，互联网与农业、零售、金融、旅游、餐饮、物流等传统行业跨界融合不断加深，传统行业原有运行方式发生巨大变革，互联网逐渐倒逼涉渔业企业转型升级。互联网技术的发展，一批研究成熟的保鲜技术转化为保鲜设备并运用于水产品企业加工中，随着移动互联网的普及和冷链物流基础设施的不断完善，我国鲜活水产品电子商务的市场空间和前景将迎来前所未有的机遇，电子商务交易额比重会越来越大。

水产品电子商务销售模式的基本条件已经成熟，电子商务平台建设模式多样化，对水产品网络销售针对性更强的电商平台模式已有成功先例，水产品电商平台构架已逐步明晰；水产品电子商务模式可以灵活选择多种电子交易模式；已有一部分居民形成了在网上购买水产品的偏好，网上消费模式呈多样化趋势；随着浙江省水产品安全生产和追溯体系的建立和完善，习惯于网上购买水产品的人群会越来越多；鲜活水产品物流配送已有很大进步，随着国家一系列政策的落实，物流对水产品电子商务发展的制约强度将逐步降低；网银支付和第三方支付发展迅速基本能满足需求，移动通信和智能手机的普及为水产品电商发展带来了机遇。可见，在优先解决冷链物流体系的基础上大力发展鲜活水产品电子商务模式销售的机遇期已经来临。

第 6 章　垂直电子商务模式在水产品销售中的运用与发展

电子商务的飞速发展，使得水产品电商成为未来发展的一片蓝海，各大电商之间竞争激烈。在综合电商遍地开花不断完善的今天，人们嗅出另一种细分市场的芳香，电商纷纷转战专业细分领域——垂直电商。垂直电商的模式多种多样，在充分了解各种模式的背景下，我们对这些模式进行梳理、总结和完善，厘清水产品垂直模式运行的方式，对建立一个理想的水产品电商模式体系，具有重要的现实意义。

6.1　垂直电商的概念

垂直电商平台是指一个细分行业或专业交易平台的电子商务细分市场，是行业内唯一的电子商务解决方案，它包括垂直平台的 B2B、B2C 和 B2B2C 三种业务模式。行业全产业链整合的垂直电子商务平台，可以提供一个强大的营销方法和品牌推广渠道，其因影响大、成本低、传播快等优点被商家所使用。

电商在 10 多年的发展中产生了多种模式，但追溯到最原始的经营结构都离不开“垂直”这一说法；甚至可以说垂直电商是目前全部电商的起源。国外垂直电子商务业务发展较为成熟。美国最大的购物网站亚马逊经营各种各样的产品，但每个产品类别拥有其自己的独立运作，以满足不同用户的需求的专业队伍。我国垂直电商起源于 1998 年成立的中国第一家电子商务公司 8848。

垂直电商的专注和专业优势，使其有能力提供一组更具体的消费产品来满足某些地区用户的特定习惯，所以可以更容易获得用户的信任，从而提高形象和声誉，树立独特的品牌价值。垂直电商同时也是小额资本集聚创业的较理想选择。

6.2 垂直电商平台与传统行业相结合的优劣势分析

6.2.1 垂直化 B2B 平台与传统行业合作优劣势分析

1）垂直化 B2B 平台与传统行业合作优势分析

目前，我国 B2B 平台由于以业内扩散为主，知名度低。B2B 平台主要是针对原材料，半成品等行业，比如化工原料、纺织原料、金属矿物、金属和其他原材料行业，垂直 B2B 平台的盈利模式也与其他平台一样即依靠广告收入和交易佣金。其优势体现在以下几点。

（1）资质保障。垂直电商平台通过专业的操作对制造商进行严格审查。各制造商企业的年营业额的生产规模、员工人数、营业登记信息等进行公开证明，信息的公开化有助于提升企业形象，建立品牌化，收取一定质量保证的约束费用。进行采购登记审核、业务信息认证等以确保购买者获得准确信息。资质保障可以保证源头产品的质量，同时可以促进品牌化的建立，这也是未来的一大竞争优势。

（2）服务保障。专业的网站设计平台，可以保证台前台后分类信息查找方便。整个交易过程有条不紊，保证支付系统的安全性，降低交易风险；批发企业的物流与传统业务的整合，签约的第三方物流保证物流服务的顺利完成。完美的服务运用在水产品销售中可以满足消费者的购物体验，培养黏性客户，增加消费量。

（3）渠道整合。为促进行业投资平台的统一，在行业媒体、行业公示会上，借助行业协会进行传播，让厂商加大商品曝光力度，更好地与采购商对接。渠道的整合便于水产品的推广，增加知名度，减少中间环节。

（4）操作便利性。该平台的运营与批发行业只做细分业务，厂家门店管理，产品管理方便，提供 ERP（企业资源管理计划，Enterprise Resource Planning）、SCM（供应链管理，Supply Chain Management）、CRM（客户关系管理，Customer Relationship Management）等支持；方便支付，第三方物流安全和速度得到保护。消费者在网上购买水产品就是因为便利，平台操作的便利性减少了购买流程的繁复带给消费者的麻烦，扩大了用户的层次，从而增加平台使用量。

2）垂直化 B2B 平台劣势分析

垂直平台 B2B 模式的劣势有两点，主要体现在技术服务和商业模式上。

（1）技术服务劣势。Web 的发展无法延伸到 C 端的操作。各方的需求不同，使得展示的页面也要有变化，即使完成了 B2B 平台的搭建，和阿里巴巴等平台相比，没有绝对的优势，所以各种原材料的采购是其对自身功能的定位，专门为企事业单位进行服务。但与此同时，水产品企业无法借助这类平台很好地推广自己的产品，C 端无法延伸到，宣传的页面，也有一定的局限性。

（2）商业模式劣势。因为基于单一行业市场，规模较小，而且由于企业和买家需求单一，业务发展乏力，缺乏竞争，所以要加强自我激励，垂直平台的 B2B 在商业模式上还要不断发展。这种批发的模式对水产品来说依然存在着中间环节，养殖户和采购商是走量的，而采购商的最终目的是要将水产品送到消费者手中。因此，目前这种商业模式下，产品的质量还是难以得到有效保障。

6.2.2 垂直化 B2C 平台与传统行业合作优劣势分析

1）垂直化 B2C 平台与传统行业合作优势分析

我国目前还较少见到成功的垂直平台专注于 B2C 的电子商务企业，其成本高，所以依靠知名的区域垂直 B2C 平台可以降低经营成本。例如，服务和虚拟产品以及直销品牌产业有直接的优势。主要优势有以下几点。

（1）品质保证。通过该平台的生产和销售管理的认证、统一公司信息公示，产品销售过程短，根据消费者评价改善品质，拟定符合消费需求的商品和业务管理规则来保护消费者的利益。这种模式和 B2B 模式的资质保障有异曲同工之妙，都可以从源头上保证水产品的质量。

（2）服务保障。专业的网站设计平台，台前台后分类信息查找方便，整个交易过程有条不紊，产品多是服务和虚拟的，有些产品需要到实体店购买，涉及物流的环节较少，可以网上预付款订购，商家也可提前准备。支付流程方便，有一定的安全保障，减少双方交易风险。

（3）渠道整合优势。该平台通过一个单一的生产和销售，能集中保障入驻商家利益，因为没有同类产品的竞争，是企业与企业的竞争，不会出现恶性循环的价格战。每个企业都是打品牌战、服务战，所以规范企业入驻更具吸引力，有利于行业整合和品牌推广。品牌和服务也是水产品未来的发展方向和主要竞争力。

（4）操作便利。垂直电商平台是细分行业，只做单一产品，便于店铺和产品的管理。提供一些高端系统支持，消费者交易支付流程简便。水产品专业的网页设计不仅可以吸引消费者，还可以方便操作，给消费者一次完美的购物体验，安全的支付体系。

2）垂直化 B2C 平台劣势分析

各行业的不均衡发展是造成垂直 B2C 平台没有特别成功案例的原因之一，因为整合各行业比较困难，水平 B2C 电商平台的迅猛发展严重挤占了垂直 B2C 的发展空间。目前劣势主要有以下几点。

（1）商业模式限制。垂直 B2C 平台的业务模式涉及的相关产业少，重复购买率低，成本高，利润较低；在电商发展的不成熟期，网上购物的消费需求水平 B2C 基本上都可以满足；网购的服务体验上，水平 B2C 平台也较垂直平台更具有突出的优势，更高采购要求的原材料是上游供应商无法突破的。水产品中垂直化商品较为单一，垂直化 B2C 平台的点击访问量相对于综合电商来说，还是居于下风。

（2）渠道整合工作难度较大。例如酒店和娱乐服务的本地化，文化差异和习惯差异，区域特点明显，企业整合起来需要相当长的时间。水产品是季节性和区域性很强的特殊产品，不同的消费地点是不一样的。

6.2.3 新型垂直 B2B2C 平台优劣势分析

这种新的商业模式是适用于标准和非标准产品的最佳模型，可以实现整个产业链的整合，完成厂商、网络运营商、消费者的实时对接，为制造业提供一个完整的零售批发分销平台。厂家可以将所有的仓库销售业务通过互联网来管理，控制成本提高效率，为消费者提供高品质产品，为电商解决库存问题，有利于企业品牌和规模的树立。还可以结合传统物流业，切断所有的中间商和仓储，降低物流成本让消费者真正获利。实现产供销一体化服务，形成制造商、网络运营商、商店、顾客四赢的模式，而不是依靠彼此大打价格战来抢占市场。广告费和佣金是收入的来源，还可以提供增值服务来获利。具体优势分析如下。

1）垂直化 B2B2C 平台与传统行业合作优势分析

（1）商家资质管理优势。一是供应商管理。平台对入驻生产商的信息进行透明化管理，规定各自的权利和义务，赋予生产商相应的管理权利，例如价格管制。每一个供应商必须通过严格的审核，这样既保证了平台和供应商的利益，对两者又起到了品牌宣传的效果。由于近年来水产品频频出现质量问题，监管的力度也在不断加大，产品资质的透明化可以让消费者放心消费。二是采购商管理。因为这是整个行业的垂直平台，零售企业将参与其中，对注册的采购商进行严格审核，杜绝冒充骚扰，界定各自权限，理清批发流程，使购买的过程更轻松。这个就可以避免水产品在市场上的鱼龙混杂。三是网络零售商管理。通过对供应商的统一配送、注册分类，避免了业务的同质化，解决网络仓储和仓储发货问题，对中间过程实行强有力的监督，为水产品的销售保驾护航。

（2）产品管理优势。一是产品流通管理。垂直平台通过统一提供所有源头产品，杜绝假冒伪劣产品出现在平台上，供应商承担产品出现的质量问题，保护消费者权益，物流与传统物流渠道相连接，使在物流中出现的损失降到最小。二是产品展示管理。平台设计出的产品，由供应商统一管理，根据自己的需要进行标准化展示，不能随意更改产品规格。一旦出现产品质量问题，立刻下架所有的产品，避免继续销售。对产品的售后评价进行统计，评价低于标准也要下架处理。

（3）服务优势。一是供应商服务优势。供应商直接提供的产品由于没有中间商参与，所以成本低、效率高、库存风险低。供应商对平台和商家的管理也更加方便，为商品提供品牌营销、去库存、市场调研等服务。二是网络零售商服务优势。以技术作支撑来实现专业化服务，产品分类明确清晰，在不涉及消费者隐私的前提下，对消费者进行充分的了解，获得有用信息，比如年龄、消费水平，分析消费者的倾向，引导其完成消费，实现零库存运营。三是采购商服务优势。采购商在耗时少、效率高、价格透明、物流成本低、优质优价的情况下完成一条龙采购。四是消费者服务优势。为消费者提供的直接产品，质量有保证，切断渠道和仓储中间环节，降低物流成本，让消费者获益。

（4）渠道整合优势。一是供应商整合。实现信息流、物流、资金流等问题的整合，为供应商提供一套完整的电商方案。二是零售商资源整合。这是垂直平台最具竞争优势的一点，因为它满足零售商的要求，减少了人工成本，库存少，操作简单，为零售商供应最直接的分售货源。三是消费者整合。依靠专业化品质服务整合消费者，专业的营销活动策划、信息展示、商家服务、优质货源来满足消费者的所有需求。

（5）商家操作便利性优势。一是供应商操作便利性。为供应商提供了完整的电商解决方案及门店产品的管理；供应商可利用系统支持优化产品库存，即时终止滞销商品的生产，以降低运营成本，方便供应商运营，提高效率。二是零售商操作便利性。为零售商提供有效的数据分析、有价值的消费者信息、营销策略和方法，方便成本降低。三是采购商操作便利性。供应商集中优势，以实现多种品牌商品的高性价比；支付方式多样安全，物流快捷，采购商可以多品种一站式采购，轻松便利。四是消费者操作便利性。垂直平台以精准匹配需求、精准营销策略吸引消费者，并联合商家为消费者推出各类营销活动。平台产品分类精准化、细分化陈列，满足消费者各种搜索行为。消除重复分配和错误分配的货物，付款流程顺畅。售后退款和投诉方面的处理措施更专业，纠纷处理流程更便捷。

2）垂直化 B2B2C 平台劣势分析

整合源头到消费者终端，过程复杂，需要大量时间，整个供应链衔接紧密，只要一方出现问题，势必影响整个平台的运营。

6.2.4 垂直化 B2B、B2C、B2B2C 平台发展瓶颈

从上面三种模式的优劣势分析中可以看出，不同的行业，不同的垂直化模式，存在着很大的差异。纵观三种模式，共同的发展瓶颈有以下四个方面。

1）人才竞争激烈

21 世纪，是人才的世纪。熟悉行业规则和电子商务运营思维的人才将十分宝贵。个人认为，这个行业不仅需要专业人才和综合性人才，更重要的是团队的配合。从方案的提出、落地、实施都需要强大的研发团队，唯此才能保证后期运营、走向市场的成功。像一些大型企业，京东、阿里巴巴、苏宁都有自己的研发团队，培养人才。电商行业在不断培养这方面的人才，未来市场的竞争也是人才的竞争。

2）市场容量小

一些细分行业的年网上营业额很小，单一细分出来的商品有的时候不能满足消费者的一站式采购。比如阳澄湖大闸蟹，属于水产品的一类；如果电商只单一售卖大闸蟹，销售额会有局限性，我们可以向上延伸一级，以大闸蟹作为品牌优势，发展带动虾类、鱼类、贝类等产品的销售。这样可以增加销售额，占领更多的水产市场，降低运营成本。

3）资本助力少

所有刚起步的企业都需要巨大的融资金额，虽然初期垂直类平台比水平类投资要少一些，但是前者起步慢，需要长久经营，成本回收的周期也较漫长，如果需要快速成长，品牌的营销、口碑都要建立在优质优价的基础上。前期收回成本是不太现实的，所以投资者很重视却也很慎重。

4）行业配合度低

综合水平类电商虽然起源于垂直类电商，但是垂直类最终发展成了综合类，例如京东。因为垂直类电商和传统行业的结合还没有达到一定比例，难以得到厂家及经销

商重视，致使很多电商行业对垂直模式并不。但是随着网民基数的不断扩大，未来商家会尝试的。

通过以上优劣势分析可以看出，垂直电商的优势突出，劣势在逐渐得到克服和解决。也可断言未来垂直模式会占据一定的优势，未来的几年时间是垂直电商发展的黄金期，对我国企业来说是一个千载难逢的机遇。中国要告别没有品牌、低成本倾销的时代，就必然要重视各类垂直化电商的发展。

6.3 水产品垂直电商模式特点分析

近几年我国水产电商快速发展，各大电商平台以及传统的线下超市，甚至于物流企业都积极加入到其中。不同模式的水产品电商有其不同的特点、不同的优势及劣势。

6.3.1 初期投资小、风险小

水产品垂直电商在发展初期，资金不够充裕、供应链管理欠缺，单一品类更容易切入，企业可以通过市场畅销的品类，比如大闸蟹或者对虾来试探消费者的接受程度，投资金额要求不高，内部在产品的存储、配送、售后方面逻辑相对简单，更容易站稳脚跟。各种产品同时大规模上线，存在很大风险。

从某一水产品类切入市场，一方面是对市场的试探，初时没有可参考的成熟商业模式，消费者的选择意向也不明确，商品市场资源不够充足，选择容易操作的品类切入行业，不但投资成本可以控制，也可以借此验证消费者对新商业模式的认同程度。另一方面也降低了各种风险，电商行业受到资本青睐是在2005年以后，在这之前虽然有电商获得融资，但是规模都不是很大，在以自有资金投资新行业的情况下，不仅资金规模有限而且风险很高，只做单一品类的商品不需要很高的备货量，容易周转，供应商选择上也具备较高的灵活性。最重要的是业务模式简单，内部的管理也就简化很多，需要的人员不多。比如，京东在最初运营的几年时间里人数都控制在100人以内，很好地降低了人员开支。

在目前电商大格局明确的阶段，综合类电商平台已经占据市场的主要份额，约占市场的80%以上，且规模庞大。京东2017年的全年交易总额（GMV）近13 000亿元人民币。与此同时，京东年度活跃用户数达2.925亿，较去年同期增长29.1%；2018财年，阿里巴巴中国零售平台年度活跃消费者人数达到5.52亿。无论在销售规模还是用户数量上，综合电商都具备了极高的门槛，即使在现阶段新进企业投入高额的资本，也不可能短期内成为和京东、阿里这样的综合电商比肩的企业。综合电商已经成为了不易攀爬的“高地”，因此，选择垂直类电商就成为明智的选择。单一的水产品品类，可以使垂直类电商避免与综合类电商处于同一竞争平台上，“船小好掉头”，它既可以销售常规化、标准化的产品，也可以根据市场需求创造新产品，而综合电商的规模限制了自身在某一品类销售上的创造性。

6.3.2 资源易于整合，产品更加专业化

垂直电商的水产品可以更容易整合消费者、供应商和零售商，这有助于运营商挖掘行业资源的深度，降低成本，提供更好的产品和服务。

2010年以前是电商发展的前半阶段，用户群体存在不确定性，消费者市场不够成熟，网购的人流量没有达到一定规模。垂直业务能够以更专业的服务来打消消费者的各种顾虑，从而获得发展的基础。

从其他行业来看，电商进行产品经营的细分体现在产品集中于某一大类别或更细分的小类别。如酒仙网经营的产品主要是白酒、葡萄酒、洋酒、养生酒、黄酒、啤酒、果酒等，可以归为“酒水”大类；乐蜂网主要经营的是面部护肤、香水、身体洗护等产品，可以归为“化妆品”类。这两家平台是主要经营大品类的垂直电商，而网酒网则主要经营进口葡萄酒，属于更细分的垂直电商。

垂直电子商务追求专业化、差异化，水产品非常符合这一点。根据“二八定律”，垂直电商企业只需要关注20%的重要客户，就将占据大部分的市场。所以作为目标群体明确的一个行业，水产品在垂直电商营销拥有天然优势，更容易发挥长尾效应。

6.3.3 服务更加深度化，用户黏性高

同类产品化的垂直电商平台，有助于业务平台进行深入分析、评价。产品标准化，提供一定的固定参数，突出深度分析的优势，做出差异化，便于用户选择购买，改善其购买体验。

综合类电商通过构建“万货商店”使消费者能够买到几乎想买的一切产品，而无需跨平台。所以，综合类电商覆盖的用户群体是全部的网购用户，未来甚至是全部的互联网用户。而垂直类电商在用户上和它们重叠，但是在属性上存在根本性的差异。

综合类电商目前覆盖的是“大用户”群体，网购用户几乎都可以覆盖；垂直电商则主要覆盖忠诚网购用户和“发烧友”用户，处于金字塔底端，也是规模化最小的两类用户。相比于规模庞大的网购用户，这两类用户具备黏性高、不易流失的重要特征；水产品垂直电商的发展趋势是做到“小而美”，规模小则可以促使其有更多的空间提升

内部管理，改善用户体验，在主营产品上具备很高的专业性，甚至具备新品研发能力，除了提供给用户商品交易上的服务外，还可以附加商品详细的介绍、使用等服务，甚至可以和众多的消费者产生线下的直接接触。从另一个角度讲，水产品垂直电商提供的产品仅为某一类，对这类产品有需求的用户一定是小于网购用户的。

水产用户的重要特征就是“小众”和需求明确，垂直电商网站产品单一，进入网站浏览或购买的消费者往往都有很强的目的性，所以他们的转化率往往很高；京东目前的转化率在2%~3%，而垂直类电商中的唯品会可达到10%。在网站提供更多专业化的产品和服务后，和消费者之间会建立很密切的关系，产生类似于“果粉”“米粉”似的效应。在水产品的发展上，则可以打造“水粉”。

6.3.4 易于品牌化的建立

我国电子商务发展的早期阶段就诞生了各式各样的电商模式，但各综合类平台只是为产品提供统一服务，无法满足个性化用户需求。在电子商务发展越来越成熟的今天，垂直化专业化的服务愈加受到重视。

专注和专业化的垂直电商，可以提供更多的特定消费产品给特定的人群，同时能够满足用户在某一个领域的特定消费习惯。这样可以更容易获得用户的信任，从而提升产品的印象、口碑传播、品牌和独特的价值，这也成为了许多小资本企业的创业之路。未来的市场竞争是品牌的竞争，消费者只认可特定品牌的产品，足见品牌的重要性。

产品中品牌效应应用较好的要属阳澄湖大闸蟹，为大多数的消费者所熟知。水产品电商在打造某一主打明星产品时，做到差异化、精细化、品质化，形成单一产品效应，吸引消费者，然后带动其他产品的销售。

6.3.5 区域化特征明显

在现有格局下，综合电商以丰富的品类和完善的供应链，几乎可以覆盖全国的城镇市场甚至是部分乡村市场。区域的覆盖主要通过“点、线”结合的方式布局，“点”主要指仓储系统，“线”指物流配送系统，仓储系统主要是自建。而点、线的大规模布局依赖于商品的丰富和订单的体量，否则不仅布局的成本高昂，也会产生在各区域库存分配不均、调拨频繁的难题。

这恰恰是垂直电商的困境之一，产品单一、用户细分，使垂直电商不具备在全国多地布点的成本优势，更重要的是单一的产品明显呈现出区域购买力不均的情况，如进口红酒的消费主要集中于北京、上海、广州、成都等城市，这些城市的销售额占到网站全部销售额的60%以上。所以垂直类电商的布局明显呈现出区域化的地理特征，甚至有很多本地化的垂直电商出现，如生鲜电商沱沱工社，最开始只在北京区域销售，后扩展到华东、华南区，但都是本地化运营。更重要的是垂直电商所经营的产品很多不适宜长距离运输，如酒类和生鲜类等易碎、易腐败的产品，很多区域是没有快递公司可以承运的，地理环境因素造成破损率很高。还有一些商品体积、重量较大，往往运输成本极高，毛利不足以覆盖物流成本，自然也就不能在全国各地铺开，垂直类电商普遍对配送区域有很多限制。

水产品电商主要集中在我国沿海地带，这些地方也是水产品的主要出产地。内陆、西北等地区明显分布很少。线上消费水产品用户分布见表6-1。

表6-1　线上消费水产品用户前10名分布省份及城市

省份	占比	城市	占比
浙江省	14.7%	上海市	10.7%
江苏省	13.0%	北京市	7.4%
上海市	10.7%	杭州市	5.6%
广东省	10.4%	南京市	3.1%
北京市	7.4%	苏州市	2.8%
山东省	4.1%	深圳市	2.5%
湖北省	3.6%	天津市	2.4%
福建省	3.6%	宁波市	2.3%
四川省	3.2%	广州市	2.3%
安徽省	3.0%	武汉市	2.2%

资料来源：根据互联网公开资料整理。

6.4　水产品垂直电商运营模式的系统分析

6.4.1　网络平台模式

网络平台模式的电商目前以淘宝、京东的规模为大，此二者均已早早涉足生鲜领域。除此之外，还有苏宁、1号店、亚马逊等加入其中。相比于其他模式的生鲜电商，网络平台模式具有几大明显优势。

1）线上营销

线上的营销主要是以互联网为主，随着互联网的普及，用户不断增加，信息传播的速度快，内容丰富。首先，借助百度推广上的付费广告，每天网页的浏览量很大。其次，现实生活中的各种人流量大的地方，如地铁站、火车站、商场等；还有微信、微博等社交软件。通过推广，可以增加知名度，提高用户数量。比传统的宣传方式效率更高、成本更低。

2）事件营销

通常说的事件营销，是在给定的主题范围内，通过实施目标明确的计划、社会大事件、热点等，形成阶段性的重大影响，并借助传播来提高品牌的知名度和美誉度，最终促进产品的成功销售或服务的销售策略。

基于互联网的生鲜电商发展，将网络作为信息传播的媒介，打破地域限制，可以满足阶段时间内的密集传播。实时发布最新消息的网站、最热的微博话题使人们时刻在与世界保持交流。利用一个个小话题，被无数人放大，跟风从众现象，进一步扩大事件的影响力。2012 年，“励志橙”的故事，借助互联网进行事件营销，使得一个生鲜的话题在互联网上成为热门，同时创造了 24 小时内售出 1500 盒橙子的惊人数字。

3）线下营销

线下营销主要目标人群是小众群体，从年龄段上来看，老年人居多，他们中大多数人不信任网上商品，这跟多年养成的传统消费习惯有关。有些线下的活动送礼品，更容易吸引消费者，从而完成线下销售任务。

相比于线上营销，线下营销的优势是可以同消费者面对面沟通，更方便了解消费者需求，树立品牌形象，扩大用户群。当消费者借助一些渠道知道该品牌时，他们可能只是有表面的认识，但是线下营销可以使他们见到产品，还可以给企业做广告。消费者可以在门店做促销活动时来体验产品，然后会有购买的冲动，这样可加快营销成本的收回。我国生鲜电商在线下营销的活动较少，国外则较多，例如美国的 LocalHarvest。LocalHarvest 通过将消费者带到当地的农业生产基地，对供应商的产品有一个直接体验的过程，以获得消费者信任，加强营销传播，增强用户黏性。

6.4.2 物流模式

电子商务的快速发展，给物流带来了巨大挑战，物流的好坏直接决定着电商的发展前景。因此各大电商企业都非常重视物流，尤其对水产品这种特殊的商品。第三方物流模式、自营物流模式、第三方和自营物流混合的模式是目前主要的生鲜企业物流模式。

1）自营物流模式

自营物流是指企业自身对物流活动的方方面面全部包办。顺丰优选依托于自身完善的物流体系在中国搭建了庞大的销售网络，使得销售商品的电商平台，其物流环节的质量有了保障。物流系统可以帮助电子商务企业控制整个业务链，根据自身的发展战略和营销策略，建立对市场需求的快速反应机制，从而脱离对第三方物流组织的依赖，专业性更强。自营物流配送管理模式在具备上述优势的同时也带来了一些负面影响，比如前期投资很大，必须通过规模经济来实现成本降低；另外，生产经营过程中还需要资金的流动和人才的培养。

2）第三方物流模式

第三方物流是一种专门为一些没有物流系统的企业提供服务的，它可以让电商节省大量投资成本来专心发展产品质量和提高服务。“喵鲜生”就是使用的第三方物流，它依靠淘宝巨大的访问量使用户量得以保证。第三方物流不是任何人都适用的，还是存在一定风险的，当出现问题时，如果电商和第三方物流之间互相推卸责任，对电商必然有一定的影响。

在精细对比自营物流和第三方物流服务模式的优点和缺点的同时，生鲜电商应该努力控制物流的各个环节，注重未来发展，获得最大的边际效应，追求健康长远的发展。

3）配送策略

个性化服务的需求源于不同消费者的个性化意愿。个性化服务会相对提高成本，但也能针对不同消费群体采取不同配送策略，从而降低一定的成本。从生鲜电商实例来看，可以分为以下两种类型。

从 Farmigo 所采用的团购形式可以看出，周边农场一周进行一次集中配送，送货次数少、货量大。优点是提高配送效率，降低了配送物流的成本；弊端是对于急需产品的购买者，无法立即配送。但是 Amazon 用自己的自营物流，配送具有及时性，顾客要求配货上门，就会充分满足顾客需求。虽然时效性高，但是购买的数量少、次数多，配送成本较高，这种定制的专业化服务显然也存在不足。

6.4.3 供应商关系模式

1）合理的供应商选择

供应商主要是农民和主要代理商。电子商务的总体目标是，减少中间企业参与市场，助力企业开拓市场，尽量减少商品流通的中间环节。电子商务平台，通过严格的评审机制，严格审核供应商的入驻资质，通过对供应商的服务水平进行绩效评价，实施产品供应的优胜劣汰。

对农民供应商的审核，主要通过实地调查，根据一些相关手册的规定，要对种植、养殖的各种基础设施进行检测，如水、面积、土壤等，同时也包括对人的主观方面等进行测试。严格筛选的目的就是保证质量，最终形成长期合作。对初端供应商的审核包括相关的质量检验报告和业务资格证书，通过证书认证的审核，决定进入资格。采用直接原产地的方式，让商品能够追溯出产地，在保证质量的同时减少了中间代理环节，最大限度地让利于消费者。

2）以销定产的预售模式

一般传统的销售模式都是先生产出产品，再卖给批发商等中间环节，最后到消费者手里，这个流程是一个长时间的等待和多链条传输的过程，就会造成新鲜产品失去原始的新鲜程度，造成损失。据统计，2009 年造成直接经济损失达 750 亿元。同时，由于中间环节产生大量费用，消费者被迫承担了更多无形成本。

预销售订单模式可以在很大范围内减少这种损失，即通过电商平台，预先一段时间发布商品信息，实现前期备货，并在短时间内完成配送。这种全新的模式从根本上解决了库存难以消化、多环节流通带来的高损耗、长时间存储带来的高存储成本和制冷损失等问题。通过电子商务平台，消费者可以了解产品信息的来源，快速购买商品。基地的农民或经销商可以通过平台接到订单并快速分发。同时，团购的大批量购买模式，可降低单位成本，节约雇佣工人的采摘挑选成本、流通成本、物流成本，规避无效运输带来的风险，降低运输损耗。不仅消费者获得利益，供应商也可以拿到稳定的订单，整个供应链就会更加和谐发展。

6.5 我国水产品垂直电商发展模式分析

对于超市般的大而全的水平电商来说，垂直电商就是一条垂直线，单一的产品分类，好像专卖店。迅速发展中的垂直电商为了满足互联网时代的新需求，开始向多元化转变，出现了多种发展模式，尤其是对于水产品这种特殊的产品，新兴模式应运而生，如物流模式、食品供应商模式、自营垂直模式、区域养殖模式、线下超市模式、渔资O2O模式等。下面用案例分析法对各种模式展开分析。

6.5.1 以物流电商垂直为基础的发展模式

1）顺丰优选案例分析

顺丰优选这一凭借快递起家的生鲜电商是一种比较典型的电商模式。电子商务中唯一一个没有彻底电商化的行业就是农业，顺丰选择从快递行业跨界到生鲜电商，是很有雄心的。在顺丰的掌门人王卫看来，选择依托顺丰快递做生鲜电商具有其他平台所不具备的优势。顺丰从2012年开始进入电商行业，首先推出的便是生鲜这一顺丰优选的平台，凭借顺丰传统的物流基础，组建了一套成熟完备的冷链系统，其做法包括购置大量冷冻箱、冷藏箱、保温袋、冰袋、冰盒等温控设备，并且加大投入上千万元进行研发专业的制冷、保鲜设备。“顺丰优选”这一顺丰速运旗下的电商网站正式上线于2012年5月31日，面向中高端客户群服务，专注高端食品，以全球安全优质美食为主的网购商城为主，进行进口食品水果酒及其他物品配送。目前顺丰优选的SKU（Stock Keeping Unit，保存库存控制的最小可用单位）。的数量已经超过13500个。商品主要定位于进口食品，所占比例约为80%。这意味着顺丰优选的大多数货源难以直接从厂商手中取货，采购成本也会因此抬高，并最终在商品的售价上表现出来。

从整个生鲜电商的布局来看，顺丰的电商经验与京东和天猫不同，消费者难以实现一站式购物，例如，如果消费者买了大闸蟹再想买件衣服一同快递是无法实现的，顺丰优选短期内难以克服这一劣势。但是顺丰未来最大的竞争力依然来自于社区O2O，其旗下的嘿客门店的数量如今已经超过3000家，从嘿客的战略调整来看，不再与快递代收点相结合，而是定位于中高端的精品社区超市，也就意味着接下来顺丰优选的生鲜从冷库到消费者之间，只有“最后一公里”的距离，因为是全自营的模式，所以即便是京东到家，来自顺丰的竞争也不容小觑。但毕竟顺丰快递的品牌给消费者留下了非常深刻的印象，因此在生鲜领域品牌的塑造还需要一段时间。

2）发展优势

从案例中可以看出顺丰的生鲜水产具有以下优势。

（1）具有庞大的物流队伍，客户群体明确，物流配送的范围与顺丰优选的顾客范围高度重合。顺丰快递的大量用户可以扩展到优选上，以其物流的口碑影响生鲜，节省了部分推广成本。顺丰的配送速度在所有的快递行业内是被认可的，其形象已在用户心中树立。生鲜水产电商对物流配送要求非常高，而这恰恰是顺丰的强项。

（2）生鲜水产电商对仓储的要求十分苛刻，顺丰在全国各大城市拥有许多仓储配送地，这也是其他平台所没有的优势。

（3）线下顺丰嘿客的配合，顺丰在全国开设超过500家嘿客店，分布在70个城市，这对做社区O2O来说也是个强大的优势。

3）面临的挑战

当然，一些不小的挑战也在等着顺丰。只依靠顺丰快递帮助推广是不够的，前期宣传的成本还是有的。这恰好证明了顺丰优选虽然占据较大的市场份额但无法盈利的原因所在。顺丰优选毕竟是以物流起步的，对专业的生鲜水产电商运营和供应链管理都是外行，需要投入较大的人力物力，向其他成熟的平台学习。

6.5.2 以食品供应商垂直为基础的发展模式

1）“中粮我买网”案例分析

由传统食品行业跨入生鲜电商的队伍中，有两个典型代表——中粮我买网和光明菜管家。中粮集团一手打造出我买网，而光明菜管家则是被光明集团所收购。食品行业跨界来做生鲜水产电商，优势也是不言而喻的。

位列世界500强企业之一的中粮集团于2009年创办中粮我买网，它属于B2C电商模式的食品类购物网站。为消费者提供便捷的购物过程，买到放心安全的绿色食品，全力建成我国最大、令消费者感到最安全放心的食品消费网站，也是上班族、家庭主妇们、青年人首先考虑的网络购物平台。平台上的产品都是经过严格的安全认证。

以食品电商起步的中粮我买网，跨界到生鲜水产电商行业，其力推的海鲜水产中产品包括虾类、鱼类、贝类、蟹类等。我买网的网站功能分类很明确。中粮我买网上线以来，在产业链整合、冷链物流配送方面获得了母公司中粮集团的大力支持。依靠中粮集团产业链模式，享受内部供应稳定的全球优质货源和议价权。在中粮我买网2013年的销售额中，生鲜食品占比6.73%，主要包括蔬菜、水果、肉品禽蛋、海鲜等。中粮我买网建立专业“温八”储运体系，自有仓库、自有冷链体系、自行配送。生鲜产品的冷链物流配送范围达到北京、上海、广州等多个城市，而其他产品覆盖了我国31个省市（自治区）。

2）发展优势

首先，在食品供应链上，中粮我买网有得天独厚的优势，是其他生鲜平台无法媲美的。部分生鲜电商出现问题，很大原因就是因为食品供应链的问题。中粮集团完善的食品供应链可以避免水产环节上的诸多问题。其次，强大的仓储能力。这也是很多生鲜水产电商无法相比的。第三，获得消费者的信赖。中粮食品都是经过严格检测，容易让消费者信任。食品安全的责任重于泰山，也是顾客首先考虑的。最后，价格由自己掌控，也令平台具有明显的价格优势。

3）面临的挑战

物流对于在此方面毫无基础的中粮我买网来说是一大难题。水产品销售最关键的就是物流，而且鲜活产品更是需要冷链物流。因此，部署物流成本就会加大。与淘宝、京东等相比，前期运营方面的人力、财力投入都需要加大。

6.5.3 以自营垂直电商为基础的发展模式

1）本来生活网案例分析

最早开始做垂直生鲜电商的有优菜网、本来生活网等。由于这些平台的崛起，为电子商品的发展尝试了另一种可能。

2012年本来生活网在北京正式上线，平台的目的就是尽自己最大能力改善我国食品安全状况。当今的社会食品安全让人难以安心，电视新闻、互联网、“3·15”晚会的频频曝光，让人们对吃进嘴里的食物胆战心惊。各地都在说打假，说发展有机无公害食品，可是只是停留在说的层面，缺乏有力的行动。本来生活网就是想让亲人、朋友都不再担心食品安全问题，成为我国优质食品的供应者，并建立安全的食品供应链。在国内外精挑细选优质产品生产基地，去除中间商，全程冷链配送，让优质优价的产品服务到家。本来生活网在创立伊始，就在走一条和京东、淘宝、一号店等电商平台差异化的路径——原产地。通过本地买手、原产地直供、地方特色农产品的模式剔除生鲜产品交易的中间环节，在降低成本的同时也加强了对产品质量的把控。

本来生活网运营的产品包括水果蔬菜、水产海鲜、肉、禽、蛋等9大品类。4200个SKU配送覆盖华北（北京、天津等）、华东（浙江、江苏等）、华南（广东等）的18个省、直辖市，全程冷链，仓储自建，物流外包至第三方物流提供商“微特派”。销售的水产海鲜包括鱼类、虾蟹类、贝类等。2015年，开拓新的业务，邀请美食达人和营养作客网站，分享食材制作过程和方法，按照时令、节气提供配餐指导，加强与用户的深度互动。

本来生活网的运营是往“特”上靠。最初一个创意事件营销——“褚橙”使得相关产品的销量剧增，也使本来生活网一夜走红。随后又复制出一些个性化产品如“潘苹果”“柳桃”。这也证明生活网有一个突出的倾向就是使本土化生鲜产品优化升级。未来的发展中，也还会沿袭这一营销思路，使产品服务变得更加有个性。高级个性的创意和营销水平不仅增加了销量，还塑造了品牌的形象，实现产品和平台的增值，从而占领更大的市场份额。

2）发展优势

优势主要体现在商家资质管理、产品管理、服务、渠道整合、商家操作便利性等方面。在资质管理方面，设立了六道安全保护，成立的品质控制委员会专门围绕相关环节进行监督检测。每销售一批产品都要进行项目抽检，一共有 43 项检测，避免出现化学药剂的使用。在产品的管理和服务以及渠道整合上，实现农场直接配送，去除中间商，精挑细选源头基地，达到无缝运送。网站经营者几年时间的调研走访，先后走访了北京、上海、广州等多地，行程近 60000 千米。品牌营销也是本来生活网的独特优势，所以水产品未来在本来生活网上的发展势头不可小觑。

3）面临的挑战

同样，自营垂直电商存在着一些劣势而使发展困难重重。第一个劣势是物流配送问题。生鲜配送对物流的要求十分高，从包装到配送成本都高于普通商品，如果外包，使用第三方物流，商品损耗问题较大。如果换做由平台自己的员工配送，不仅人力成本增加，一定程度上还会影响公司业务的扩展。第二个劣势是由于品牌没有知名度，前期想让更多的人了解并信任平台实现购买，难度非常大，而且推广成本费用大。第三个劣势则是冷库仓储。冷库仓储需要大量资金做后盾，垂直电商为此要承受相当大的压力。

6.5.4 以区域养殖垂直为基础的发展模式

1）河北省乐亭县案例分析

2015 年商务部批准河北省乐亭县设立电商综合示范基地，乐亭县以此为发展契机，凭借资源优势，促进电商产业蓬勃发展。与阿里合作的“农村淘宝”项目，完美展示了电商在农村的发展。2015年年底，全县已发展有阿里巴巴等8家电商企业，培育出8个电商平台，15家物流公司成功入驻。

乐亭县丰富的渔业资源较好地满足了自身的发展需求。为了能够充分发挥乐亭县水产品加工业的附加值，开发现代营销方式，在县政府的大力支持下，海乐渔业专业合作社的借助自身的专业的管理模式和优越的地理区位条件，于2015年7月成立了一家水产品加工厂，并分别配备了2个水产品的储存间和水产品冷冻间、速冻间，形成了200吨的储存能力。随着渔业产业的发展，渔业深加工产业链也逐渐形成。为了扩大销售市场范围，带领专业合作社不断地拓展销售渠道，其中一个途径就是电商平台销售。经过和多家企业协商谈判，选定和杭州的一家公司合作。借此机会，搭建水产交易平台。优良的品质和口感，使乐亭水产受到全国顾客的喜爱，销售的范围迅速扩大。

乐亭县海乐渔业专业合作社生产的部分商品已在超市展销，截至2016年2月中旬，乐亭县海乐渔业专业合作社便已经实现电商销售收入8万余元。接下来，将利用水产交易平台的便利推进项目的实施，增加产品种类，完善基础设施，如计算机、办公房、人力等，来提高交易的效率。组织专业人员研究虾类、鱼类等的保鲜包装、冷链运输、销售策略，保证全年都有鲜活的水产品可销售。整合全县优势资源和企业加入，如水产带头的企业、水产合作社、养殖企业等，开设一些课程进行水产电商运营的培训，增加专业知识。

2）发展优势

乐亭县海乐渔业专业合作社发展水产品的第一个优势，同时也是其最大优势，是拥有一定范围的养殖区域，在该区域内部可以有效保障水产品的质量安全问题，消除顾客的消费安全的顾虑。第二个优势是保有自身的水产品供应链。由于自身的持续供应能力得到保证，可以有效保证水产品的供应环节不受到制约。第三个优势则在于距离。由于水产品的发货，都是在养殖区域直接配送，保证了水产品的新鲜度，确保水产品品质的全面提升。

3）面临的挑战

前文所说的区域距离优势，只在一定范围内有效，当超过这一范围时，区域养殖直销模式的劣势就会立刻暴露出来。因为，对于区域养殖直销模式销售平台而言，由于配送距离、发货距离等地理空间范围比较偏远，水产品快递上门取货送货都需要大量的时间和成本，加大平台的运营成本。同时，水产品直销平台由于是水产品自产自销的一种模式，在品种上自然也就无法满足水产品多样化的用户需求。区域水产品直销平台也需要承担一定的风险。水产品有可能会因为季节、雨水、技术等原因会导致收成不好，这就会在一定程度上影响水产品供货量。区域水产品养殖区域，在选择第三方合作的平台时，如果没有自己的水产品品牌优势是很难立足的。

6.5.5 以线下超市垂直为基础的发展模式

1）永辉超市案例分析

沃尔玛、家乐福等是我国最早经营生鲜电商的超市模式。2000 年后，一些规模相对较大的连锁超市开始追随它们的脚步，涉及生鲜水产。超市模式属于线下的直接销售，作为生鲜水产的终端销售地。

2011 年，从福建福州发家的永辉超市，逐渐扩大规模，东北、华北、中原地带都有连锁。创造出独具特色的“永辉模式”。2014 年总营业额达到 367.27 亿元，同比增长 20.25%，而生鲜产品和加工产品的收入占总收入的 46.40%。到 2015 年，连锁门店多达 348 家，签约的有 100 多家，总覆盖面积达到 270 万平方米。

作为国内领先的生鲜超市，永辉超市探索出“永辉模式”，即加强供应链整合和后台建设，试水 O2O 电商渠道。第一，永辉新模式是通过基地对接、买手信息优势和国内外合作强强联合，整合供应链并购上游供应商和区域合作伙伴，实现全国乃至全球范围内直采直销。公司建立的全国性生鲜产品统采和区域直采体系，是经过多年实践形成的独特的模式。在这一模式下，生鲜进行采购时可以赚取多于批发市场 1/4 的差价。第二，建设后台自有物流基地，并由中央大厨房生产自有品牌确保食品安全，ERP（Enterprise Resource Planning，即企业资源计划系统）提供信息化支持保证生鲜高效运转流通。为了能够更好地控制生鲜产品的质量和运送，永辉生鲜产品采用自营物流。通过现有的三个配送中心和建设中的物流大项目负责区域范围内门店的配送将“各供应商—各门店”的交错网络转化为“各供应商—配送中心—各门店”的线性单一网络，配合 ERP 系统推进门店的库存、销售管理效率。第三，线下终端门店精细化管理与合伙制共同开源节流，线上终端 O2O 电商开辟全品类生鲜网销。精细化的门店管理大大降低了中间损耗，节约了中间成本。此三方面——上游供应链整合、后台信息化支持和终端全渠道销售共同构成了永辉超越传统零售超市和现有生鲜电商的核心竞争力。

2）发展优势

目前，很多超市开始结合自身的信息、资金及规模优势开始进一步整合产业链，避开原有的供货商进行基地直采。基地直采做到了从产品源头进行监控，可以保证产品质量，满足超市对高品质农产品的要求，保障了生鲜水产品优质优价。生鲜超市在经营过程中为了获得消费者认可并达到优质优价的目的会在产品销售时进行有效的分级销售，将产品绿色、有机、无公害的信息传递给消费者。加强了生鲜水产品质量安全控制，由于生鲜水产品超市严格的制度规范，超市销售的水产品在进入超市时必须达到超市的准入标准，在上市、销售、召回等各环节也都有完善的措施。

3）面临的挑战

近几年来，永辉却逐渐放弃生鲜电商业务。同样的情况也出现在华润万家、麦德龙等连锁超市的生鲜平台，可看出超市经营生鲜电商困难重重。短距离的配送具有一定的优势，但是建立了水产电商平台，成本就增加，很难实现盈利。以前超市是从来没有配送的，都是消费者到超市里自行购买，增加电商业务后，就需要配备专门的配送人员，增加了人工费，远距离配送成本就更大了。此外，还需要专门的人员来运营网站，这也不是超市的强项，为了运营好也要付出代价的。

6.5.6 以渔资O2O垂直为基础的发展模式

1）广州普麟生物制品案例分析

珠江水产研究所水产中国全资国有企业——广州普麟有限公司（以下简称“普麟公司”）的微信服务号“珠江水产技术服务”的上线标志着微信公众平台在渔资O2O电子商务领域开始催生资本。

普麟公司是国内第一家集研发、生产、销售于一体的水产品公司，产品销售以前都靠经销商和药店，“珠江水产技术服务”微信公众号的出现将改变公司的整个经营模式。点击进入“珠江水产技术服务”，除了公司简介外，其他的两大重点在商场和技术区。在商场购物中，在售品中设有生态水控制用品，如细菌优良碳源、排毒精华、氧气源等产品。商城产品以珠江水产研究开发产品为主，重点防治水生动物疾病和生态防治。

该平台不只是网上商城，同时也是一个技术服务平台。依托珠江水产研究所，搭建专门技术平台，提供水产养殖技术、互动通信、疫苗技术等方面的技术服务。为了更好地服务大众，除了平台提供互动交流区，还专门成立了一个微信群，所有的关注用户进入微信群即可。在水产养殖中的组成员遇到任何问题都可以在线交流，有自己无法解决的问题还可以请教微信群里珠江水产研究所的专家。该平台还可以帮助用户找到相关的专家解答。平台上线两个月，已有近500家用户入驻。产品在"珠江水产技术服务"平台购买，除了支持微信在线支付，也可以到网点再支付给加盟商，解决一些农民不了解移动互联网的难题。

目前，渔业市场混乱，消费者不可避免地会购买到假冒伪劣产品。"珠江水产技术服务"的产品将严格把控，除了珠江水产研究所研发的产品，还增加其他有质量保证的产品。类似产品通过在线平台销售将比目前市场价格便宜20%左右。另一方面，该平台可供生产者与用户之间进行沟通，用户将能够直接通过平台享受相关的培训和技术指导服务，购买更多并享受更多的增值服务。

为了形成线上线下无缝对接的优良服务，"珠江水产技术服务"发展当地相关店铺加盟，以这些店铺作为线下的配送、仓储和服务中心，解决了渔资下乡的物流问题。

普麟公司计划重点投入珠江三角洲市场，截至2016年年底已在该地区开设50个服务网点，目前已在中山、花都等地签订十几份意向书。对于广东省以外的其他地方，则采用比较松散的合作方式，加入线下布局。

2）发展优势

普麟公司的第一个优势是商城兼有技术服务。普麟公司不仅提供产品的销售，还提供多方位的技术服务。例如，养殖技术、培育技术、销售运营技术等产业化服务，还开设培训课程，对加盟商进行培训，请专家开讲座，对出现的疑难问题一一解答。第二个优势是质量有保证。改变以前的独门独户各自经营的模式，减少中间商，使渔资资源直接到养殖户手中，双方都可以受益。第三个优势是解决了物流难题。普麟公司使用O2O模式，通过线上线下相结合来解决这一难题。

3）面临的挑战

对于普麟公司来说，前期的推广也是需要一定的投资的，扩大规模也需要很大投入。未来还要搜集更加丰富精确的信息进行分析，形成大数据，为未来的发展打下坚实的基础。普麟公司准备开发自己的手机APP来迎接移动互联网时代，争取更多的用户，把微信中的客户带到APP，这些都需要大量的人力和财力，使平台更加专业化。

6.5.7 水产品垂直电商普遍存在的问题

垂直电商就好比著名作家钱锺书的《围城》中所描述的：城外的人想进去，城里的人想出去。城外的人是指未涉足过垂直电商行业的，城里的人是指做垂直电商失败的。优菜网、红孩儿、乐淘等垂直电商的失败案例，让垂直电商的发展前景遭到质疑，很多垂直电商通过转型来谋求生路，例如京东商城成功转型为多元化电商。与此同时也有很多垂直电商依然在坚持，像淘宝、聚美优品、唯品会等在垂直电商战场上的坚持让业界对垂直电商的未来发展看到希望。由于受到电子商务整个大环境的影响，很多人十分看重企业的规模，很多垂直电商只是表面货品垂直化而不能真正做到运营的垂直，但是由于其受到其他方面的限制，却不如多元化电商那样灵活和专业，让自己陷入两难境地。多元化电商能够将用户的消费概率进行最大化提升，而且多元化电商无论在采购、仓储还是运营推广方面都做得比较成熟，像 1 号店、卓越等多元化电商的成功运作就是很好的例子。而这一点对于垂直电商来说似乎困难很大，因为垂直电商整合全国服务可谓是难上加难，其库存限制就是其中一个难以解决的问题。当然这只是一方面，其实垂直电商发展过程中出现瓶颈的最大原因就是其没有把握展现自己优势的机会，将垂直电商所拥有的专业化的运营能力展示出来并形成自己的品牌效应，进而受到了多元化电商的挤出效应的影响。像红孩子、当当网等垂直电商都受到了多元化电商挤出效应的影响而遭遇重大的打击。综合上述案例，可以总结出大部分水产垂直电商模式存在的问题。

1）注重规模，缺少特色

近年来，国内电商行业发展越来越壮大。电商巨头为了占领更大的市场份额，采取了各种策略，发广告、拉投资等。短时间内烧钱需要有强大的后盾，不然流量从何而来？价格战、广告宣传成为占有市场的有效方法。从每年的节假日可以看见各种打折、各种促销、各种赔本甩卖吸引了不少消费者购买，尤其是面临诸如“双十一”等特殊时间点，很多商家陷入恶性价格战，为了获取流量，商家甚至会用假冒伪劣的商品来欺骗消费者。电商如果未来还是停留在扩大规模上，进行价格战来吸引顾客，就会面临亏损破产的厄运。垂直电商最核心的特征就是“小”，企业要立足就要必须认清自身的特征和市场地位，盲目突破企业发展边界很容易失去方向，陷入更大的泥潭不能自拔。水产品电商企业数量也在不断增加，前期都是为了扩大知名度、获得流量而盲目扩张，缺少水产品电商平台专有的特色。

2）物流技术滞后，导致成本增加

从物流业的飞速发展中，我们可以看出网上购物的热度。任何一家网上电商都离不开物流的配送，普通的商品配送还是比较简单的，生鲜产品配送的要求则相对更高，尤其是水产品。水产品保质期短，易腐烂变质的特点对包装、物流的条件要求极高，配送的成本相应也会提高。生鲜类中又以海鲜产品的物流配送成本最高。

消费者在线下的菜市场买一些水产品，买的时候都是鲜活的，拿回来就变成了死的，这么短的时间内对实体店来说都很难保证，更何况电商。水产品的核心卖点就是一个字“鲜”，此时更是凸显物流的至关重要。

3）“垂而不直”，缺乏品牌意识

所谓的“垂而不直”大概说的就是凡客这类平台。凡客以卖服装起步，后来也卖生活用品，品种多而杂。看起来产品种类齐全，但实际上影响了自己的专业化和品牌化。专业化降低，就容易被别人所复制，取代性增强，辛辛苦苦打下的市场被别人挤占。2010年，如雨后春笋般涌现的垂直电商平台达到上万家，在新的电商形势和环境的推动下，大量垂直电商都想着先把规模做起来，只有规模扩大了，影响力大了，再实现盈利。但是这些电商都忽视了很重要的一点——品牌价值。没有给自己很好的定位，也没有做到垂直本身具有的特点——专业化和差异化，跟水平的电商比起来一点优势都没有了。一味地盲目扩张，没有做出自己的特色，很难摆脱出局的命运。

垂直电商若想达到让消费者重复购买、得到消费者忠诚度的目的，就应该好好把握它们自身每一次为消费者提供服务的机会，让消费者享受到优质的购物体验，才会得到消费者的好评，垂直电商的品牌塑造和建立起来之后，对垂直电商未来的发展有很大优势。

6.6 促进水产品垂直电商运营模式发展的对策

水产品垂直电商运营模式的转型升级，需要多主体的综合参与，从生产、流通、零售等各个环节入手，对原有产业链进行深入整合。

6.6.1 从行业、区域入手，回归垂直电商本位

垂直电商模式是各种电商模式中的一种，不管模式怎么变化，都是互联网的一种运营。水产行业包括的种类比较多，不同的种类我们可以采取不同的电商模式，而不是死守一种。即使是垂直电商，卖的是单一的产品，我们要灵活运用，发挥平台的价值，深入研究行业的产业链，拓展水产相关的产品。水产品的区域特征比较明显，主要分布在东南沿海地区，内陆和沿海都是做垂直电商的，但这些地区的各个电商在具体的营销策略和运营上还是存在差别的。例如沿海地区可以利用地理位置优势延伸产业链，在做水产电商的同时可以结合线下发展休闲渔业，打造自己的品牌。

6.6.2 满足消费者的需求，注重用户体验

努力完善企业与消费者关系的处理。消费者就是上帝，消费者是垂直电商的衣食父母，处理好与消费者之间的关系是核心课题，对于垂直电商的品牌塑造来说至关重要。通过向消费者提供简易、精美又不失实用的导航页面，让消费者第一时间感受到企业对于消费者的消费感受的体贴。通过调查问卷或者其他的形式来与消费者进行沟通和了解，通过对数据的分析和研究，挖掘出消费者的内在需求，将消费者实行分类管理，然后针对不同类的消费者进行不同形式的产品品牌营销，对不同类的消费者实行适合他们的个性化设计和促销，可以增加消费者对于品牌的认可程度。针对消费者的需求或者不满，垂直电商企业要有专业的工作人员对其进行服务并对问题予以解决，在不违反原则的条件下，最大限度地满足消费者的消费需求。消费者关注的方方面面，消费者的用户体验对于其首次消费以及之后的多次消费来说十分重要。因为一次良好的用户体验会在很大程度上增加其再次消费的几率，提高新用户的转化率，进而提高产品销量提升企业利润。消费者的用户体验的提高可以从消费者购物当中涉及的各种细小的细节出发，例如网站上的客服要及时到位，积极有效地解决消费者在购物过程中遇到的问题，针对不同的消费者群体进行不同的品牌策略，从而培养起对于企业品牌的忠实度。另外，还可以通过一些与消费者互动的方式来增加消费者购物的体验满意度，例如在节日里向消费者发红包和祝福语，这些看似不经意的举动，却能够温暖到消费者的内心。

6.6.3 大力发展冷链物流

建立覆盖各个省市的冷链物流是一个艰巨的任务，而且不可能一蹴而就，需要的时间很长，短期内水产物流很难发展完善，但是再难也要努力规避水产的特殊性，在物流配送上有所突破。

1）发展加工食品，规避物流制约

特别难运输的水产品，可以进行加工，转变水产的原始销售模式，摆脱冷链物流的制约。这就需要研究加工技术，开发新产品，如近两年来在电商市场上独树一帜的温州鱼豆腐。原本的鱼豆腐储存不便、需要冷藏，但在温州水产人的妙手下，传统的鱼豆腐变小变薄，独立包装可在常温环境下运输和储藏，从水产菜肴“跨界”变成了网上零食类销量领先的新宠。

2）研发新的保鲜技术

探究在当前物流环境下延长产品保鲜期的新技术。包括产品包装方式的更新、物流工具的更新以及从源头开始质量管控体系的更新等。目前国内外新型保温箱、保温材料的变化日新月异，水产企业可根据自身的需求选择成本合理的解决方案。

3）延伸产品线，发挥规模优势

延伸产品线，保证产品多样化，引导顾客提升单笔成交额，提高顾客的回头率，这样可以降低物流成本所占的比例，达到利润平衡点。对于专精于单一品种或少数品种的企业，可以采取区域合作或者行业合作的方式共同开发。

6.6.4 重视品质和服务，进行异质化创新，增强核心竞争力

为了占领更大的市场份额，在竞争中立于不败之地，垂直水产电商要用差异化、优质优价的产品来吸引消费者，还要让消费者信任。把握好扩大规模与提升品质服务，实现品牌战略的双轮驱动。优化产业链，打造生态的产供销一体的链条，培养核心竞争力。产品做到别人无时我有、别人有时我优，总比竞争者高出一层。水产垂直电商的平台虽小，但要小得与众不同，小而精。例如本来生活网，靠着小平台，营造大事件，创新独特的营销模式，让产品走红。阳澄湖大闸蟹既是核心竞争力产品，又是树立的一种优质品牌。随着人们消费观念的改变，重视品质和服务，进行异质化创新，势在必行。

6.6.5 塑造品牌形象

对企业的外在形象进行宣传，会潜移默化地给消费者传达一种企业的品牌理念，所以一个企业的外在形象如果生机盎然、活力四射，就会同样地给消费者传达与其品牌相同的印象和内涵。例如垂直电商中的黑马和大赢家——三只松鼠，其营销额在两年内突破10亿，足够震撼人心。这与它外在的企业形象密切相关。其产品与其他厂家可以说并无二异，然而其巨大成功的原因就在于其品牌的塑造非常成功。三只松鼠各有内涵——美、酷、贱各自代表当今社会最为时尚和流行以及贴近人们生活的观念。这样的既可爱又富有生命力的卡通形象极大地提升了品牌的亲和度，自然很快受到消费者的喜爱和认可，获得成功。此外，服装类的垂直电商裂帛独有民族风的品牌特色，也为它赢得了市场上的一席之地。

垂直电商企业应该采取各种营销手段来进行自我品牌的塑造，通过个性化、独特

化以及极具亲和力的品牌形象才能成功吸引消费者的眼球，进而将自身品牌的内涵和价值传递给消费者，消费者在消费的过程当中与品牌价值产生共鸣的话就会对该品牌更加认可和青睐，成为该垂直电商品牌的忠实粉丝。

1）“大事件”营销

随着垂直电商发展的不断完善，光靠产品的质量竞争是不行的，不进行宣传，如何让别人知晓你的品牌和良好的产品质量。这就需要广告宣传，设计营销策略，用带有温度的人文情怀的广告感染影响人。本来生活网的几个事件营销都很成功，都可以用来借鉴甚至应用到水产品营销中。

2）娱乐广告宣传

娱乐宣传的手段有很多，例如电台、电视、杂志、微信软文、地铁、门户网站等人流量比较大的地方。娱乐宣传的特色越来越常见，现在的热门都市剧中大都植入了广告。例如《男人帮》《虎妈猫爸》等。广告与电视热播剧的自然结合，不仅宣传面积广，而且知名度大大增加，让人们更容易记住。在权威媒体中出现的品牌，消费者也更容易接受，也增添了品牌的前卫、潮流气息。除了电视等公共媒介，像腾讯视频、搜狐视频等各大视频网站，新浪微博、微信等社交网站，都具有很好的宣传效果。

3）企业自身的形象

企业自身的形象也很重要，企业可通过多做慈善事业，打响知名度。还有企业老板自身的形象，这些都是一种广告宣传。例如，聚美优品的陈欧，带来了风靡一时的“陈欧体”——“我是陈欧，我为自己代言”，大大提升了企业的知名度，树立了良好的形象。

第 7 章　电子商务模式发展的水产品质量安全保证

水产品电子商务的优点在于可以通过互联网的公开透明的优势实现水产品的优质优价，而实现其优质优价目标的基础是网销水产品的质量安全保证。本章阐述了水产品质量安全保证在电子商务模式发展中的意义，从水产品经营体系的结构与环境分析入手，对水产品质量安全保证体系进行系统分析，其中包括对网销水产品准入保证体系、网销水产品追溯保证体系和物流保证体系的分析，在此基础上以浙江为例对水产品质量安全保证体系现状、问题及难点进行了案例分析，进而提出构建网销水产品质量安全保证体系的对策和建议。

7.1　水产品质量安全保证的涵义及其在电子商务模式发展中的意义

7.1.1　水产品质量安全保证的涵义

1）食品质量安全的相关概念界定

起初对于食品安全概念的研究主要是指在获取食物方面的安全，即满足食品的种类和数目。在1974年的世界粮食会议上，联合国粮农组织（Food and Agriculture Organization，FAO）把食品安全定义为：所有人在任何情况下都能够持续获得维持健康生存所必需的足够的食物。20世纪80年代，国外对于食品安全的研究范围已经不单是对生产行为及供应总体数目的研究，研究范围扩大到消费行为及分配情况等方面。冯·布劳恩（Von Braun）等（1992）主张除了获取基本的食品安全以外，还要考虑到环境、健康、卫生以及对社会中弱势群体照顾能力等其他因素，他们的观点也对食品的质量安全起到了重要的影响作用。

《中华人民共和国食品安全法》（以下简称《食品安全法》）于2009年颁布，以此来保证食品的安全，确保公民的生命安全和身体健康。其中将食品链划分为生产环节、流通环节、餐饮服务环节。我国《食品安全法》对食品安全的定义为："食品安全，指食品无毒、无害，符合应当有的营养要求，对人体健康不造成任何急性、亚急性或者慢性危害。”《中华人民共和国农产品质量安全法》对农产品质量安全给出定义：“农产品质量符合保障人的健康、安全的要求。”

2）水产品质量安全的概念界定

水产品包含在农产品的概念范围里，水产品质量安全作为农产品质量安全的重要构成部分，与社会的发展息息相关。国外的研究人员在水产品质量安全的研究过程中，通常认为水产品质量和水产品安全是不一样的概念。他们认为，水产品安全是指食用了含有微生物、寄生虫或被化学和物理污染了的水产品而对人类健康造成危害甚至危及生命的一种风险水平。而水产品质量一般指由于受到时间和温度影响，使得水产品在外表、气味、口感等方面存在不同程度的差别。全球闻名的质量管理大师 Philip B. Crosby 认为，质量就是符合要求。即要么符合要求，要么不符合要求，而不存在中间可能或比例大小的问题。因此同一个食品的质量与安全标准有且只有一个。格雷（Anderson Joan Gray）和安德森（J. L. Anderson）（1991）通过研究认为，水产品质量安全受多重因素影响，其中包含防腐剂、细菌、微生物、添加剂、寄生虫、是否夹杂异物等。发达国家和发展中国家贸易纠纷频发的一个重要原因就是对于安全和质量概念的混淆。

国内学者对水产品质量安全有以下三种认识。

（1）将质量安全视为一个整体概念，是指水产品的安全、营养、优质等因素的综合。目前国内的标准大多数采用这一概念，但这和国际上通用的概念并不相同。

（2）质量中存在的安全因素，即水产品安全的概念包含于水产品质量的概念之中。在影响水产品质量的因素中，重点突出安全性因素。这一理解符合现行工作重点和实际。

（3）质量安全是质量和安全的组合。这种解释符合国际通用的原则。

本书中，水产品质量安全主要是指水产品在养殖、捕捞、加工、包装、储藏、运输和销售等环节应符合国家强制性的标准要求，不含有可能损伤人体生命健康的有毒有害物质（如药物残留、病菌感染等）以导致消费者生病、死亡甚至危及后代的隐患。水产品质量安全是水产品内外因素对人体健康的影响情况，指水产品质量符合保证人民身体健康和生命安全的要求。

3）水产品质量安全保证

本书中，水产品质量安全保证指为了构建并完善保证水产品质量安全所包括的一切制度和活动，即在特定的情况下，通过行政监管和第三方检测，对区域内渔药生产、销售实行全封闭管理，积极推动水产品生产的标准化，从源头上管理水产品加工和储藏运输等环节，从而保证其质量和安全。水产品质量安全保证，需要从水产品经营的各个子系统及环节的安全运行予以保证，共同构成水产品质量安全保证体系。

7.1.2 水产品质量安全保证在其电子商务模式发展中的意义

人们对食品安全的关注和研究已经有很长时间，但是在资本主义工业革命之后才真正引起重视并有所改善。美国在19世纪开始重视了对食品药品的管理，才真正对食品安全进行了全面的监督管理。到了20世纪60年代以后，食品安全标准在全世界范围内得到了进一步的规范。在90年代由于食品安全事件频发，引发了人们更多的重视，各项新的研究和技术以及管理体系都大量应用到水产品行业里，并获得一定效果。水产品和其他食品相比，具有更长的食品供应链和产业链。英国的费舍尔（C. E. Fisher, 1992）通过对食品供应链研究，把渔药等化学投入品作为人为添加的有害物质，他将现今影响水产品质量安全的因素归为六类，包括生态环境污染、自然毒素、营养失控、微生物、人为添加剂及其他不确定的危险因素类。

我国作为水产品的生产和出口大国，水产品生产加工总量位居世界第一，出口量逐年增加。水产品在我国居民的饮食中有着重要的地位。可是随着工业化的不断发展，严重破坏生态环境，污染及工业添加剂等引发了一系列食品安全隐患，引发人们对于食品安全的关注。我国水产品质量安全的基础还很薄弱，水产品质量、卫生都存在诸多隐患。加强水产品质量安全保证刻不容缓。水产品质量安全问题不但关系到渔业的健康发展，关系到我国的国际声誉，更与人类的生命健康密切相关。因此水产品质量安全保证体系的建立十分必要。

伴随着“互联网+”的发展，电子商务冲击着传统销售市场，网销水产品越来越深入人们生活，方便了人们的购买。在网销水产品领域，产品安全问题是消费者普遍关注的焦点，他们对产品安全提出了很高要求，但网销水产品也存在相应的质量安全隐患问题。水产品电子商务的大力发展取决于能否消除水产品交易中的信息不对称问题，实现网销水产品的“优质优价”。健全的水产品质量保障体系、确保网销水产品质量安全，是水产品电子商务健康发展的基础，也是水产品电子商务模式相比传统销售模式更能显示优势的地方。

7.2 水产品质量安全保证体系的系统分析

分析水产品质量安全保证体系必须从水产品经营体系的结构与环境分析入手。在此基础上构建水产品质量安全保证的各个子系统。

7.2.1 水产品经营体系的结构分析

当前我国食品供应大致共分为生产，加工，检测、监督、包装，采购、储藏、运输及销售环节这五个环节。

作为生活中的重要食物，水产品和其他食物相比，其产业链更长。水产品从养殖捕捞环节到销售环节都已完全融入当今社会分工中。水产品从池塘到餐桌需要经过二十几个环节（图7-1）。包括水产品养殖和捕捞环境、苗种的来源和质量、饲料和药剂的施加、水产品加工企业的环境、从业人员素质、水产品的冷冻和储运、包装销售、追溯和召回等多重环节。每个环节都至关重要，不可缺少、互相联系，形成一条连贯的水产品产业链。本文参考了胡楠所设计的框架分析，水产品产业链包含了数目众多的部门及环节（图7-2）。这些环节里所包含的任何一个方面出现状况，都将对水产品的质量和安全产生影响。质量安全风险存在于水产品的整个经营体系中，并对水产品的质量安全程度起决定性作用。

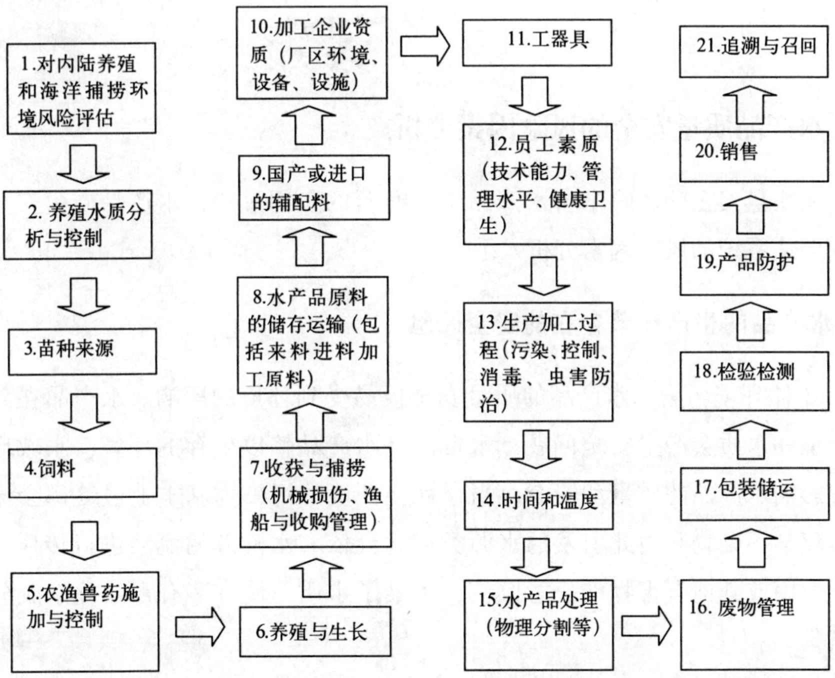

图7-1 水产品从池塘到餐桌产业链

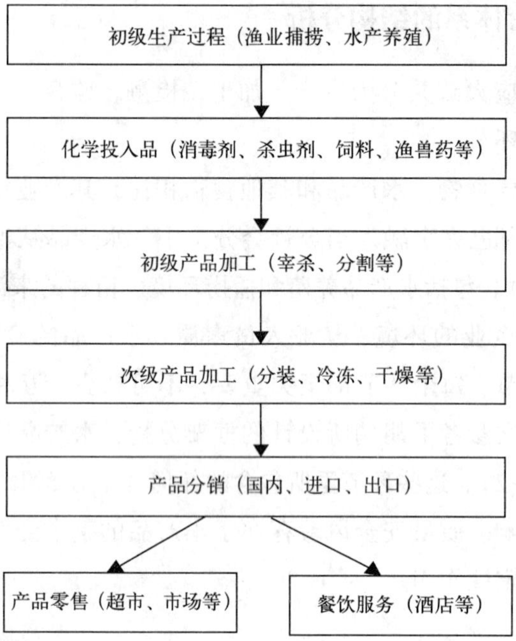

图 7-2　水产品产业链结构

7.2.2　水产品质量安全的风险因素分析

水产品质量安全的风险来自水产品生产经营的全部过程，水产品质量安全保证体系的建立要从系统的风险因素分析入手。

1）水产品的生产环节存在的安全风险

（1）水体环境污染。水产品的质量安全极易受到环境的影响。水产品在养殖阶段的水域环境和水质会产生安全问题，水资源是水产品赖以生存的环境，水域环境的好坏直接会影响水产品的质量和安全。当今社会环境的污染物基本上最终都会流入江河湖海里，化学污染物和由此引发的水源类疾病会依靠水资源的流动进行传播。化学农药的广泛使用或其他有害物的任意倾倒，污染了水质，使许多有毒的化学成分在水产品体内富集。

渔业水域环境面临的污染通常包括两个方面。①城市生活污染、工业污染。化工厂、农药厂是工业污水的主要来源，城市中污水处理厂的能力十分有限，而且多半污水处理厂目前无法实现脱磷脱氮。②养殖业自身污染。因为海上养殖开发难度较大，导致局部生态承载力加大，影响了海水水质，养殖废水直接排放入海，使氮、磷等物质含量增大。

企业排放的污水当中，一些无机污染物呈严重超标状态，对水产品的质量与安全产生影响。鱿鱼等头足类水产品对污染物的富集作用也加大了无机污染物对消费者生命健康的影响。目前对于水产品中无机类有毒物的污染情况，我国还未进行全面的调查研究，但是近年来不断地发现了一些问题。

近几年，我国海域发生赤潮的频率逐年上升。究其原因正是工业及生活污水的排放加重了海洋环境污染，污水中由于含有大量的氮磷钾，汇入海洋后造成海水富营养化。所引发的赤潮严重影响了海洋动物的生长，很多水生动物因为缺氧死亡。其中贝类水产品受赤潮的影响因素较大，在贝壳体内会富含一些海藻中的毒素。其中的神经性毒素、麻痹性毒素和腹泻性毒素等，不但严重影响了水产品的质量安全，同时对人类的生命健康危害巨大。

重金属污染是化学污染的一个重要方面。而这些重金属污染物会对环境造成长久的危害，最终这些重金属及其化合物聚积在水生动物体内。水产品的质量安全得不到保证，人吃了含有重金属污染物的水产品，会对人类的身体产生严重影响。医学研究表明，重金属污染物会对人类的神经系统、循环系统和主要器官产生严重损伤。

（2）水产品养殖生产过程操作不规范。水产品在养殖过程中药物、饲料、添加剂等使用违规，将会导致水产品质量安全存在隐患。首先，会导致养殖病害增多，随着养殖产量的增长，鱼塘使用时间增加以及池塘清洁不彻底等，导致鱼的发病率增加。很多养殖人员专业素养不够，对药物的危害了解少，只凭经验用药，导致用药量过大或过少。其次，饲料的质量安全没有足够保障。有一部分养殖户只知道饲料可以影响鱼类的生长，却不知道饲料质量可以影响水源生态系统、养殖对象的抗病力和水产品质量。在养殖水产品的过程中，使用渔药进行消毒时，会造成药物的残留。

目前，我国针对渔药的使用问题还未有确定的标准，由于操作不规范，滥用药物的情况广泛存在于水产品养殖和生产的过程中。很多养殖户非法使用明令禁止的药物或者药物使用过量。除此之外，在饲料中乱用添加剂及生长类激素已经是一个严峻的问题。不仅影响了生态平衡，还增强了水生生物的耐药性，加大了防治疾病的难度。而水产品体内的残留药物，不但使水产品的质量受到影响，更直接危害了消费者的身体健康。虽然有一些药物被禁止在水产养殖中使用，但是在现实的生产过程中，很多不法商贩还在偷偷地使用。养殖水产品中存在的药物与激素滥用现象，已经使消费者对于水产品的信任程度严重下降，对我国水产品的出口贸易也产生一定影响。

（3）水产养殖生产企业的标准低下。我国目前实行的水产行业标准及相关企业标准缺乏强制性。为了能得到更多的利润，很多企业为了适应自己低标准的产品质量，导致企业自身制定的标准比现有的行业标准要低。而且国内目前关于水产品安全与质量控制方面的工作落后，还没有建立完善的水产品检测和管理体系，无法做到实时监控发生的水产品质量安全问题及生产企业的卫生状况，不能在第一时间采取解决措施。水产品缺少统一的检测标准，目前使用的标准大多数并未和国际的标准接轨。相关检验检测的设备投入不足，工作人员素质也有待提高。这些都限制了我国水产品质量安全水平的提高，很难达到发达国家较高的水产品质量安全水平。

（4）养殖户科学文化水平偏低。水产养殖是一项专业技术，涉及多个领域，因此要生产出更好的水产品，除了养殖者辛勤付出，更需要其掌握一定的知识来进行管理。食用水产品的养殖和生产过程是整个水产品产业链的初始环节，水产养殖人员作为水产品质量安全的责任主体，其在养殖过程中的一举一动都会对水产品的质量起着决定性作用。养殖人员的专业知识和技术水平参差不齐，大多数没有经过专业的培训，不了解渔药等化学添加剂的危害，如果不加以监督和控制，会导致农药、渔药以及化学有毒物的残留，并且作为源头，很多残留的危害在之后的加工和流通过程中也不能被消除，这些对人们的生命健康都会造成危害。

据统计，我国目前渔业从业人员人数有1300多万，水产养殖人员占半数以上。但是大多养殖人员忽视国家和企业规定，达不到要求的标准，只是简单地凭自身经验去操作。总体来看，我国水产养殖人员的整体素质较低，很大程度上决定了水产品的质量偏低。

2）水产品的加工环节风险因素分析

（1）企业加工条件不合格。除了部分资质良好的大型水产品出口加工企业外，我国市场上的水产品大多数来自中小规模的加工企业，生产加工条件达不到规定标准，甚至有一部分来自手工作坊。这些作坊卫生条件差，设备陈旧、简陋，没有相应的水产品质量安全检验设备。而且这些企业在加工过程中产生的废水和废弃物还会对水产品造成污染。

水产品加工企业的厂区环境与卫生状况对水产品的质量和安全有很大影响。水产品对待环境和卫生要求很高，如果加工企业的环境差，卫生不合格，那么水产品的质量也会大打折扣。水产品中的一部分致病菌通常就是由不合格的养殖加工条件导致的。一年之中夏季气温比较高，细菌更容易繁殖，这个季节水产品加工企业的车间温度如果没有做到严格控制，往往会造成微生物的污染和滋长，影响水产品的质量安全。

（2）水产品加工过程掺假及滥用添加剂。水产品制品包括冷冻、腌渍、干制。在加工水产品的过程中，经常会出现违法使用添加剂的情况，不但降低了水产品的品质，还会引发食品安全问题。比如冷冻（冰衣），造假；腌渍，使用工业制剂；干制，食盐超量、含沙量超标。最近几年还出现用甲醛为水产品防腐的情况。这些有毒物质对水产品的质量安全产生影响，对人们危害巨大。

我国山东、浙江、福建等省近海海域是海带产量较多的地方。海带作为我国养殖产量最大的藻类，是传统出口的水产品，可带来较高的经济效益。目前国内食用海带的质量比较稳定，主要有干海带、盐渍海带、海带粉等。可是工业用干海带依然存在各种质量问题，有些工业用干海带会出现夹杂其他物质的现象，还有的含沙量和含水量严重超标。

水产干品是深受我国居民喜爱的传统水产制品，比如干海参、虾皮等，因其生产量大而具有很大的市场。这些干制水产品的加工成本低，工艺简单。大多数是由零散的个体户加工，很多干制水产品在加工晾晒的过程中不注意卫生，甚至有一些黑心厂家用敌敌畏等农药驱赶蝇虫，致使产品质量问题比较多。而在其他干制水产品中，普遍存在水分、盐分严重超标的问题，导致其保质期缩短。

冷冻水产品的加工过程为了保证其品质往往会给水产品镀上一层冰衣。一些不法商贩则利用这一点作假，为了获得更大的利润而加大注水量，缺斤短两。甚至有时候活体鱼类也被注水增重。

(3) 基层操作人员的专业素质及管理人员的管理水平参差不齐。水产品的加工需要依靠人力来完成，企业员工的个人素质情况直接关乎水产品加工的质量和安全。企业管理人员的管理能力决定着基层员工的工作水平，有效的管理可以使员工的工作更明确，加工过程更加严谨，水产品的质量水平也会较高。相反，企业规章制度不明确，领导的要求不严格，员工的工作态度也会懈怠，在生产过程中的纰漏也会增多。而员工的技术能力也同样影响着水产品的质量安全。技术水平高的人员在操作时会更加娴熟、规范，避免了很多不利因素。此外，工作人员个人的健康卫生情况也直接影响了水产品质量，员工每天直接接触水产品，如果自身带有有害菌或者不注重卫生情况，将会直接污染水产品。

3）水产品的检测、监督、包装环节风险因素分析

(1) 水产品质量安全检测技术落后。第一是可检测的项目少。尤其是地方上的基层渔业质量检测机构，其检测项目不全，检测的精确度比较低。有一些国外所规定的检测项目因为没有先进的设备和相应的检测方法而不能检测出来，或者有些项目即使可以检测，但是检测的方法与国际标准不同，仪器设备的精确度不够，导致检测结果出现偏差。二是检验环境达不到标准，影响检验结果的可信度。一些基层水产监测机构环境和条件较差，配套设施落后，温度、湿度等系统也不健全，这些都会影响检测结果的准确程度。三是检测设备和机器陈旧老化，一些设备不够专业，不能满足现在的检测标准，配套性也较差，限制了检测范围及检测的能力。另外，质检人员技术水平和整体素质有待提高，人员由于专业、经验等问题，无法使仪器发挥应有的作用。

（2）水产品质量安全监督还未形成制度化。欧美等发达国家的水产品监督和检测制度相对来说比较完善，保证水产品质量安全作为政府的一项重要职能，往往是由政府出资建立水产品质量安全的检测制度，全程监控产品从养殖捕捞到销售的整个过程。目前我国有关水产品质量安全检验方面的资金投入还比较少，每个省市地区的投入也不一致。大部分省市的水产品还未进行市场准入方面的检测，少部分有市场准入检测的地区，还基本上是由水产品生产者或者经营者来支付相关的检测费用，这在增加了水产品销售成本的同时，还影响了政府发挥自身的监督职能。

（3）水产品的包装落后。产品的包装不但能保护产品的外观，还能保障产品的经济价值和实用价值。水产品的包装质量对于水产品质量的保护以及指导消费都具有十分重要的作用。并且对水产品的储存、运输过程也有重要的影响，所以水产品的包装必须达到相关的标准。水产品在储存和运输过程中操作不当会导致外部包装的破坏，从而影响了水产品的质量，甚至有时即使没有破坏包装，也会影响水产品的品质。

作为水产品加工过程中最后一道环节，水产品的包装也是不容忽视的重要环节。目前，欧美国家的水产品等商品包装检验标准已经由原先的几项增加到现在的几十项，我国的包装技术虽然也在不断进步，但是和其他国家相比仍然处于落后。我国在科研技术开发方面能力低，企业规模较小，食品包装的机器设备的水平和国外相比差距较大，很多时候忽视了食品的包装情况。因此我们要在注重提高水产品质量安全的同时，也要保证外部包装的质量。

这些年我国对于水产品的包装几乎没有太大的改变，大部分情况下，新鲜水产品只是放到塑料箱里运到市场销售。冷冻水产品使用 PE 膜或者瓦楞纸箱简单进行包装，便运到市场上解冻销售，大多数水产品在售卖时已经不是很新鲜了，不但降低了水产品原本的质量，影响了口感，还容易滋生细菌。另外，包装材料的质量也会影响水产品本身的质量和安全。

不同形式的水产品要想维持产品的质量和口感需要采取不同的包装方式。如果包装技术不能得到创新，势必会影响水产品的质量安全水平。

4）水产品的采购、储藏和运输环节风险因素分析

（1）分散采购质量安全没有保障。采购水产品的途径来源不是单一的，生产主体不同，水产品的质量和安全水平也不一样。所有采购的原料、辅料都要具有卫生许可证，产品检验合格证或者检验报告，食品超过保鲜期或者包装破损、运输车辆不清洁等，都应拒绝验收。一些知名的、大型的水产品生产商对待质量管控得更加严格，流程更安全可靠，在卫生和包装方面更谨慎，因此，从正规、大型的生产厂家采购水产品，品质和安全能够拥有更多保障。但是目前很多的水产品生产商是小型的个体户，设备不先进，卫生不达标，只能进行零散的生产加工。若从这些小型个体户手中分散采购水产品，水产品的质量安全无法得到保证。这种采购方式，使质量监管更加困难。

采购的相关人员也应经过食品进货检验规范的正规培训，遵守卫生制度，认真检查验收，保证食品的安全，但现实情况下，很多工作人员未能按照标准严格执行，采购的途径也未必都是通过大型供应商，所以采购的水产品也存在安全隐患。

(2) 水产品的冷冻储藏不合格。水产品在储藏和运输过程中对时间与温度都有着非常高的要求。很多水产品在储运时需要冷冻，如果采取不当的冷冻技术，或是冷冻条件不符合要求，都会造成冷冻水产品在储运时品质降低，还有可能产生不安全因素。

水产品不如其他物品易于保存，它必须放到冷库里。虽然近几年我国在技术上有了明显的进步，水产冷库总体数量有所增加，但是很多地方冷库还是比较少，不利于水产品在各地的储藏。

目前市场上销售的冷冻水产品通常是经过冰鲜后达到零下15℃再出库，之后存入冷库中储藏。但冷冻并不能确保海鲜完全不变质，水产品的保质期也各有不同，水产品变质后质量安全得不到保证，变质的水产品会对人的身体健康产生危害。处于冷冻状态的水产品，一旦运输和储存过程中处置不当或者温度上升，极易造成海鲜变质，人们在食用后会对身体产生危害。只有保持冷冻温度的稳定，营养损失才会较小。

(3) 冷链物流专业技术水平落后、运输基础设施薄弱。冷链物流是一种特殊形式的物流，主要对象是易腐食品。冷链物流管理是为了保证食物的质量和安全，通过制冷技术为手段衔接起整个生产流通的系统工程。为了保证食品的质量，把最佳质量的食品提供给消费者，要防止食品发生变质或者被污染。这就需要做到保证水产品从捕捞上岸直到销售出去，始终处于低温状态。水产品的加工处理、储藏和运输都要按照规定实行一体化冷链物流管理，直到消费者成功购买。我国的食品冷链管理刚刚起步，水产品冷链体系尚未形成，物流系统的覆盖面较小，信息采集还很困难，主要集中在大中型城市。所以食品的冷链物流还不能完全保证生鲜水产品的储存条件，无法保证其鲜活度。现在我国将近80%的水产品的运输现状还停留在过去的传统运输条件，整个流通过程中没有冷链保证。总体来说，我国的冷链物流发展相对落后，这不但严重影响了水产品的质量和安全，还增加了水产品在运输过程中的损耗。

目前国内的很多地区，特别是偏远山区，交通并不发达。虽然随着国家的发展，各地陆续建设了四通八达的铁路网和公路网，但是我国铁道交通和公路交通的覆盖面积远远达不到现代物流的要求水平。国内物流运输的基本设施建设才开始起步，目前冷冻冷藏等仓储设施严重滞后，大型的物流中心还很少，无法满足现代物流中心的标准。生鲜水产品的装船、装车过程并没有按照国际标准在冷库和保温场所进行，而大多数是在露天环境下操作的，水产品冷藏储运整体现状并不令人满意。现在我国很多运输主体是个体户，他们资金有限，大多不会购买冷藏车，往往采用落后的方法，即在运输途中把水产品装入一次性泡沫塑料箱里，再在里面加上碎冰块。这种方法容易造成污染，不能满足现代化的物流条件，使得运输质量缺乏保证。

5）水产品的销售环节风险因素分析

(1) 水产品批发环节存在的质量安全问题。生产企业或者加工企业把水产品卖给批发商，便会进入批发环节。由于销售市场的距离不同，水产品会经过其中的一种或几种批发环节，每个环节都会有数量很多的批发商参与到其中。批发商在采购、储藏、运输、分拣等环节中，很容易出现质量安全问题。

批发商在出售水产品之前会先进行储存，在这个储存阶段，有些不法商贩为了减少水产品的疾病和死亡，滥用渔药甚至违禁药物，使有害药物残留在水产品体内。还有一些批发商为了节约资金，购置简陋陈旧的设备，水产品的冷藏温度根本达不到要求。

水产品在分拣和转批发过程中也会产生质量及安全问题。分拣人员、器具和环境的卫生是其中一个重要因素。此外，在水产品转批过程，有的商家为了使品相更好、提高价格，使用苏丹红、孔雀石绿等化学增色剂，甚至有用过氧化氢溶液浸泡鱼翅、使用甲醛进行保鲜防腐等情况。

批发环节的水产品质量安全情况会对之后的零售环节产生直接影响。在全国范围内，大约80%的水产品经过批发市场进行流通销售。批发市场集聚了众多的批发商，但目前只是具备简单的交易功能，批发市场已经开始难以满足水产品现代化的发展需求。

(2) 水产品零售环节存在的质量安全问题。作为水产品流通过程的最后一个环节，零售环节与批发环节类似，在采购、储运和销售等过程都会存在质量安全问题。零售环节主要是销往超市和农贸市场以及饭店等。

消费者主要是通过农贸市场来购买水产品。大多数的农贸市场设施简陋，没有专业的设备来储藏冷冻水产品，虽然城市里的市场经过改造，环境和条件比之前有很大的改善，但依然难以达到令人满意的标准。超市是水产品零售的一个主要和普遍的渠道，具有较高的可信度。但超市对于水产品的管理也存在欠缺。很多超市的冷冻柜温度不达标，没有达到零下18℃。在消费者选购水产品的时候，有时候还会忘记关上冷柜门。这些细节为微生物的繁殖营造了条件。

(3) 市场反馈机制不完善。市场反馈是指生产经营在市场中产生的信息，要返回到生产经营中去，整个反馈流程形成一个完整的闭环体系，以此来指导生产经营，更好地为消费者服务。水产品从养殖捕捞一直到消费者完成购买，都需要经过严格、严密的监管，并关注市场反馈情况，通过反馈才能知道水产品的质量情况，消费者购买更放心，也能督促企业在生产和流通过程中对水产品的质量要求更严格。建立和完善市场信息反馈机制不是一项简单的工作，要完善企业的生产销售需要利用技术力量和营销网络。市场反馈机制目前并不是十分完善，以至于在流通和销售过程中不能准确地了解到水产品质量安全情况，水产品在哪个环节出现状况也无从得知。

(4) 水产品市场信息不对称。经济活动中信息不对称是一种普遍现象，主要是指水产品在交易过程中，买卖双方对于产品所了解的信息并不完全相同，销售者比消费者知道的信息更多一些。水产品的“信任特征”通常只能由专家或者专业的服务机构披露，消费者即使在消费后也不能检查或评价到这一特征。由于水产品市场中生产者和消费者的信息不对称，产品的卖方掌握产品质量的更多信息，将会导致市场的萎缩甚至不存在，形成逆向选择。最后的结果只能是劣质产品盛行，这就是阿克尔洛夫所说的“柠檬效应”。

就水产品市场而言，在生产、流通、销售、消费各个环节都会存在信息不对称现象，如水产品质量信息不对称、供求信息不对称、价格信息不对称等。这些都为水产品的质量安全埋下了隐患。

7.2.3 水产品质量安全保证体系的系统分析

1) 法律法规保证体系

我国食品法律的确立是由负责食品安全的卫生、农业、国家质检和国家食品药品监督部门等结合各自实际情况，经过一系列程序，制定的部分相关的法律、规章和条例。

政府建立水产品相关法律法规体系，应按照“从池塘到餐桌”的整个过程进行危险性分析，明确责任，考虑到食品的召回和可追溯性等方面来制定和完善法律法规。我国现有涉及水产品的相关法律法规有：《中华人民共和国食品卫生法》《中华人民共和国产品质量法》《中华人民共和国农产品质量安全法》《中华人民共和国渔业法》《中华人民共和国动物防疫法》《兽药管理条例》《农药管理条例》和《饲料和饲料添加剂管理条例》《水产养殖质量安全管理规定》及《水产苗种管理办法》。这些法律法规规定了渔业的相关标准，为水产品质量安全的监督和管理提供了法律支撑。此外，我国也已经初步建立了与国家、地方、企业和行业标准相配套的水产标准体系。

2）水产品全产业链的从业人员安全教育保证体系

以政府为主导，制订宣传培训计划，请专业人员分批次、有重点地开展水产品质量安全宣传培训以及法律政策的宣讲。政府可以通过媒体、讲座等形式让从业人员了解到水产品质量安全的重要性。还应组织相关专家逐级进行有关管理措施、技术规范的培训，增加对水产品养殖企业、加工企业、生产销售企业和全产业链从业人员的培训，提高其专业知识水平和综合素质能力。

在对从业人员进行培训时，首先要明确告知水产品质量安全相关法律法规，提高全产业链从业人员水产品质量安全的责任意识。选择合适的内容对不同层次的网销水产品从业人员进行培训，培训从业人员掌握工作所必需的基础知识和技能，尤其是渔药的使用，以此来提升主体用药水平和法律意识。对从业人员进行培训后，还应制定考核制度，特别是专业性较强的重要岗位，有关人员要经过考试合格后，由政府主管部门颁发证书，持证上岗工作。通过宣传培训使各环节人员加强责任意识，明确水产品质量安全责任到人，出现问题后要有相关责任人负责。

3）企业产品质量保证体系

信息不对称理论为了使卖方将产品信息传递给买方，要求建立信息明示机制。质量认证可以满足建立信息明示机制的要求，它可以为买卖双方传递信息，进一步保护消费者的权益，并且能促进产品质量的不断提高。目前质量安全认证已经逐渐成为世界各国普遍采用的管控食品质量安全管理的方法。消费者在网上购买水产品，要了解水产品的质量，除了可视化检测之外，企业还应有产品质量安全的相关认证。

按照认证所依据标准的性质，可以分强制性认证和自愿性认证。强制性认证还可以称为强制性管理下的产品认证，是为了贯彻强制性标准而采取的政府管理行为，虽然二者的认证程序基本上相似，但强制性认证与自愿性认证性质、特点有很大区别（表 7-1）。

表 7-1 强制性认证和自愿性认证的特点比较表

项目	强制性认证	自愿性认证
认证对象	主要是涉及人身安全或公共安全的产品	非安全性产品或已达到政府强制性标准要求的产品
认证依据	政府统一的强制性标准和技术规范	政府推荐性标准，国际组织标准、企业标准等
证明方式	国家统一发布的认证标志	认证机构自行制定的认证证书和认证标志
制约作用	未经认证合格，未附带统一认证标志的产品，不得销售、进口和使用	未获得认证，仍可销售、进口、和使用，但可能受到市场制约

按照认证对象的不同，可以分为产品质量认证与质量管理体系认证。产品质量认证是根据产品标准和相应技术要求，经过认证机构确认并颁发认证证书和认证标志来证明某一产品符合相应技术标准和相应技术要求的活动。质量管理体系认证是指所有经认可的认证机构所发放的认证证书的过程，证明某一企业的质量管理体系的质量保证能力符合质量保证标准要求的活动（表 7-2）。

表 7-2 产品认证与体系认证的特点比较

项目	产品认证	体系认证
认证对象	特定产品	供方的质量管理体系
评定依据（获准认证的基本条件）	产品质量符合制定的标准要求；质量管理体系满足指定的质量保证标准要求及特定的产品补充要求	质量管理体系满足申请的质量保证标准要求和必要的补充要求；质量保证标准由申请企业选定
认证证明方式	产品认证证书，认证标志	质量管理体系认证（注册）证书
证明的使用	认证标志能用于产品及其包装上	认证证书和认证标志可用于宣传资料，但不能用于产品或包装上
认证性质	既有自愿性认证，也有强制性认证	一般属于自愿性认证

目前，我国水产品加工企业适用的认证品种主要包括产品质量标准（quality standard，QS）认证和食品安全管理（HACCP）体系认证。前者属于强制性产品认证，后者属于自愿性体系认证。但是出口水产品加工企业，需要进行强制性的 HACCP 体系验证。由于水产品属于农产品范畴，我国与水产品有关的质量认证还包括几类标准如无公害产品认证、绿色产品认证、有机食品认证等。

网络销售水产品不单为了满足消费者购买的便利，更要保证产品质量。企业对自身的水产品质量要严格把控，卫生和质量认证合格，达到国家标准要求。在现在竞争如此激烈的情况下，企业要想获得消费者信赖，实现自己的品牌效应，打响知名度，对所销售的水产品质量要求甚至要高于国家一般标准，这样才会吸引客户群，具有竞争力。企业将自己的卫生标准、各种质量认证证书、原产地认证以及 ISO 9 000 认证等相关资料上传至互联网，备案资料可供查询，让消费者一目了然，保证了网销水产品质量安全。

4）网销水产品准入保证体系

传统水产品市场产品分散，不易监管，其准入保证难度较大。网销水产品市场的准入相对容易得到保证。网销水产品的质量要达到一定的标准要求，符合国家统一的检验标准，拥有检验合格证书，才能进入市场，否则是违反法律法规的。政府应该建立并完善水产品市场准入制度，对于规范的经营单位应大力扶持。要求经营水产品的网销企业，在销售水产品时出具检验合格证明，所销售的水产品要带有可用于追溯的标识，标明产地、生产日期、生产单位、保质期等信息。严格把控水产品市场准入关，可以减少进而避免低质量、有安全隐患的水产品流入市场的现象。并对网销水产品交易环节实施动态监管，清退不合格产品。

对于大型网销水产品生产基地，政府应建立而且实行水产品生产准入制度。要求养殖企业科学规划养殖容量，避免因高密度养殖而可能导致的对水产养殖环境的破坏和水产品质量安全水平的下降。对于不符合条件的企业，不允许其从事养殖和生产加工水产品。

5）网销水产品追溯保证体系

食品安全追溯体系是一种现代新型科学技术体系，可以追溯食品在生产和流通的整个过程，通过产品的基本特征便能查找到其一系列相关信息。水产品质量安全追溯，是将水产品从养殖捕捞，到生产加工、运输销售等各个环节有关质量安全的全部信息实现随时追踪查询。消费者可以通过 RFID 标签查询水产品的各类信息，比如养殖户、生产和加工的地点、检测检验情况、流通时间、运输信息等，实现自上至下的追溯过程，使消费者购买更加放心。网销企业也可以通过追溯体系查找各个环节的实际状况，提升生产加工水平，同时也有效地提升了品牌的知名度。消费者通过互联网购买了水产品之后，一旦出现问题，还可以向上逐层查找问题的根源，查出产品销售地、责任人以及其他信息，有利于水产品的安全监管和召回，快速控制安全事故影响范围，防止出现社会性质量安全事件。

向消费者展示水产品质量和安全的相关信息是水产品质量安全可追溯体系的基本作用，可以有效解决在购买水产品过程中销售者和消费者之间的信息不对称问题，让消费者依据自己所了解的水产品质量安全信息及个人偏好来决定是否购买，增强市场的导向作用。此外，如果水产品在某一环节出现质量问题，可以使用追溯体系迅速地找出问题来源，还可以召回有问题的产品。有针对性地进行惩罚，不但能保证水产品的质量，还可以减少行业损失。利用追溯体系能明确水产品生产流通各环节的责任主体，对各环节进行有效的控制，从而提高水产品的质量安全水平。

6）物流保证体系

水产品从捕捞上岸直到销售都离不开运输过程，所以运输环节对于水产品质量安全的保证十分重要。把提高冷链物流专业技术、建设运输基础设施作为重点发展，不但可以提高我国冷链物流水平，更能有效保证水产品的质量安全。

随着人民消费水平的提高以及对食品安全意识的增强，水产品运输过程中也更讲究科学性和安全性。我国冷链物流逐步发展，冷链物流企业开始增加，为满足各层次居民的消费需求，初步实现了以公路为主，铁路、水路、航空等多种冷链运输形式协调发展的情况，基础设施也不断完善。但从总体看，我国冷链运输效率偏低，成本费用普遍偏高等问题比较突出。运输物流企业的集中度较低，专业化服务能力不强等问题都在一定程度上阻碍了当前冷链物流的发展。为了进一步推动我国冷链运输的健康快速发展，提高运输服务水平，应该制定统一的冷链物流标准，并加强行业监督。加大财税等政策支持力度，建设运输基础设施，对城市运输配送车辆实行统一管理。积极推进冷链运输物流的信息化建设。

7）生产经营过程的可视体系

网络销售水产品方便了人们的生活，但就传统消费方式而言，消费者对于网络销售这种“看得见、摸不着”的形式总是缺乏信任感，人们对于水产品的质量无从得知。究其根源，还是信任缺失，为了解决这一问题，保证网销水产品的质量安全，应从源头开始，对水产品整个产业链实行可视化与透明化管理，让水产品的养殖、捕捞、加工、包装、运输、销售等环节都呈现在阳光下，真正做到让客户可知、可感。

可视化操作，让信任看得见，这是农业发展的大趋势，即从源头到餐桌整个过程都可以让消费者看见。现在互联网十分发达和方便，企业在池塘、生产加工车间等装上摄像设备，消费者可以通过互联网随时随地看到所购买水产品的整个流通过程，观测到水产品的养殖环境和喂养情况，让消费者了解水产品的来源，直接向消费者证明了水产品的安全、可靠，解除了消费者在网上购买水产品的疑虑。

通过技术实现养殖、加工、运输全程可视化可以解决行业信任问题，方便了消费者的购买，也促进和监督了水产品的质量和安全。可视化是农产品网络营销的一个重要转折点，减少了流通渠道，保证了销售渠道的独立性和可靠性，随着物联网的发展，可视化管理将成为一大趋势，真正让买方与卖方的信任有了衔接点。

7.3 水产品质量安全保证体系现状、问题及难点分析

本部分主要以浙江省水产品质量安全保证方面的资料为例，揭示水产品质量安全保证体系现状、问题及难点。

7.3.1 水产品质量安全保证体系现状分析

1）水产品质量安全保证的总体状况

浙江省作为海洋经济大省，具有得天独厚的海洋优势，全省海洋岸线在国内排名靠前，海域面积达到26万平方千米。浙江渔业资源丰富，可捕捞量为全国第一；且宁波-舟山港已成为世界第一大海港。浙江的海洋资源排到全国前列，每年的水产品产出、交易和出口量非常大。

根据调查数据，2015年浙江省水产品加工总量名列全国第四，相较2014年有所下降。2016年浙江省用于加工的水产品量较多，位于全国第四位，居辽宁、山东、福建之后。水产品加工企业数量全国第一，水产品加工能力全国第四，规模以上加工企业的数量居全国第五。水产品冷库数量全国第二，仅次于山东。冻结能力全国第四，冷藏能力全国第二，制冰能力全国第二。从数据来看，浙江省在水产品加工方面还是比较先进的，但水产品深加工和科技水平还有待提高，储藏和运输方面也有不足，冷链物流需求旺盛，但发展缓慢，水产品质量标准体系及配套检测体系还未完全建立。这些不足都阻碍了浙江省水产业的健康发展。现在，一些创新型电子商务基地，已着手在网络销售方面发展可视体系，人们可以用手机随时随地观看生产流通情况，但由于目前国内互联网建设问题都处于试点阶段，并没有真正上线投入使用，可视化系统还不能实现普及。

水产品质量安全保证体系的建立离不开政府政策的支持及有关部门的监督，政府在水产品质量安全保证方面的投入还有不足，市场上很多企业并未得到有效监管，造成水产品质量问题频发。浙江省在水产品市场准入、追溯体系以及检测标准的制定方面尚未成熟，目前还处于示范阶段。养殖主体通常是消极地进行水产品质量检测，而不是主动配合或积极要求检测。政府部门有关水产品的检测与无公害检测未能实现相

互认可。水产品质量安全和追溯体系建设滞后，无法保证水产品的质量，影响了浙江省水产品牌的打造。政府应发挥自身的主导作用，下大力气进行区域性、原产地品牌建设。整体看来，政府的主导作用发挥不明显，以至于不能形成区域性特色水产品品牌。不过浙江省在这方面也有好的范例，例如丽水着重打造的“丽水香鱼”品牌已经颇有名气。但在全国最大的龟、鳖、蛙生产区，并未体现出其质量和产量的优越性，尚未形成区域性品牌，对浙江省渔业的品牌化发展产生了制约。

2）网销水产品质量安全保证体系现状

目前浙江省的水产企业逐渐将传统销售模式与网络销售相结合，网销水产品企业逐渐增多。一些大型的水产品企业通过自建交易平台进行网上销售水产品，这些生产型企业为了打造自身品牌和知名度，通常对自身质量认证把关比较严格，其质量安全有所保证。调研发现有些企业对水产品和肉类等食品进行初加工，之后利用B2B形式，与餐饮企业合作，通过互联网下单直接进行水产品的销售。

有的中小型水企产业尚不具备自建交易平台的能力，选择和淘宝、京东等第三方平台合作进行销售，这些企业也会有相关的质量认证。

渔业养殖从业者素质不断提高、眼界不断开阔，以至科学手段运用越来越普遍，这也会大力带动当地渔业的不断发展。这些经营主要是O2O形式，通过口碑进行小范围销售，虽然水产品质量普遍不错，但是没有进行质量安全认证。

目前浙江省的农产品质量安全保证体系已经建立，但是水产品并未包括在内；网销水产品的市场准入制度和追溯体系更是没有建立起来。这些都制约了浙江省网销水产品业务的发展和扩大。

这样的现实状况与我们希望通过互联网实现优质优价、开发网上市场的发展需求不一致。想要扩大网销水产品的规模，实现优质优价，必须进行质量安全认证。依靠口碑进行销售影响范围较小，网销水产品得不到发展，影响力也较小。

和水产品质量安全保证体系相比，网销水产品质量安全保证体系更容易建立和发展，因为相对市场上零散的销售，网销的追溯更加容易实现。同时要加强网销水产品的质量认证，认证体系建立后，整个浙江省网销水产品的信息系统就能建立起来，再结合政府部门的监督、检测、追溯体系、企业自身认证等方面的完善，整个浙江省网销水产品行业的声誉就会提高，形成区域性品牌。

7.3.2 水产品质量安全保证体系问题分析

1）政府部门管理中权责不清

浙江省水产品质量安全管理中存在的一个主要问题就是政府部门“权责不清”。目前我国对管理中的权限一直没有明确的管理。关于食品生产及流通的检验检测标准和相关法律法规文件众多。并规定根据《中华人民共和国刑法》《中华人民共和国消费者权益保护法》等对食品安全问题进行追责处罚。但在我国由不同部门负责法律的制定和实施，故存在权责不清的现象。目前浙江省食品安全管理只存在大致的分工：农业部门负责食用农产品的安全监督管理，卫生部门主抓卫生，质监部门负责对生产行为进行监督，工商部门负责稽查企业经营状况，出入境检验检疫部门主要对进出口食品进行检测和管理。可是现实情况却存在着交叉执法以及多头管理等问题（表7-3）。有些部门既是法律的制定者，又是法律的执行者，由于各部门权责不清，很容易出现问题，滋生腐败。政府部门的职责权限没有统一的规定，容易出现管理上的漏洞，出现问题后相互推诿，不能及时处理，造成严重的食品安全问题。

表7-3 浙江省食品安全管理部门大致分工表

	药监部门	农业部门	环保部门	质监部门	工商部门	商务部门	卫生部门
产地		√	√				
生产资料	√	√	√	√	√	√	√
种养殖		√					
加工	√			√	√	√	√
流通					√		√
消费	√						√
进出口				√	√		

2）渔业发展与环境保护的矛盾突出

水是水生动物赖以生存的生活环境，浙江省海洋资源丰富，但相应的海洋环境问题也依然存在。近年来，随着城市化、工业化的发展，城乡基础设施建设用地面积加大，农渔兽药的使用以及生活废水和工业废水的排放，使海洋受到不同程度的污染，部分水域生态环境恶化。可用于精养高产的养殖水面积大幅度减少。城市和工业的发展给环境保护提出了更高的要求，环境保护与渔业发展的矛盾越来越突出。水资源受到污染，水产品的质量安全自然受到不利影响。渔业发展的水域资源在不断减少，渔业发展空间受到挤压，从《浙江渔业统计年鉴》可以看出，从2009年以来浙江海水养殖和淡水养殖面积在逐年减少，传统渔业受到严重冲击。

而且近年来赤潮时有发生，对养殖生态环境和渔业资源同样造成危害，使水产品质量安全水平受到影响，渔业生产经济效益下降。

为了更好地改善海洋生态环境，振兴浙江的渔场，2016年，浙江省海洋与渔业局、浙江省环境保护厅发布了《浙江省海洋环境污染专项整治工作方案》。决定加大流域污染控制和直排海污染源控制，减少陆源污染物的排放量，加强对海洋倾废的监管，深化推进水产养殖污染防治，加强对海洋船舶防污染设备的配套设备，加强对破坏海洋环境的违法行为要加大打击力度。浙江在“五水共治”、渔业禁养限养政策作用下，在环境保护方面取得了显著成就。饮用水源得到保护、河道开始变清，外荡水质明显好转，从长远看对现代渔业发展极为有利，但是也直接造成了对渔业养殖空间的挤压，局部地区减少养殖面积。

浙江省对于水域资源的使用和维护在不断地探索，不过总体进展缓慢，制约了水资源的合理开发和水资源的保护。

3）渔业从业人员整体素质偏低

浙江省的渔业从业人口与人员素质就全国水平来看，属于中等偏上，但其中专业渔业人员偏少，兼职和临时从业人员也不多。在对渔业公司、渔场、养殖户、渔业专业合作社等组织的调研中，虽然发现一些大学生还乡，以渔业为业的创业人才在增加，但是浙江省的渔业从业人员文化程度普遍不高，基本上都是高中以下文化水平。从业人员的年龄整体来说比较大，很多养殖合作社的社员年龄都在50岁以上。他们的思维方式受到传统思想的束缚，难以接受新鲜事物，不会使用计算机及互联网，更不会利用互联网从事水产品的相关工作。一些形成规模的水产品企业经营者或者渔业大户，相对来说容易接受新鲜事物，能适应现代化科技，可以接受新的思想，但是却很难招聘到有文化、懂技术的年轻工作人员。

现在，浙江省已建立了水产养殖病害检测系统，但是具有水产防疫检疫上岗资格的科技人员很少，远远不能满足实际需求。因此要想保证网销水产品的质量安全，渔业全产业链的从业人员的素质和专业技术能力显得尤为重要。浙江省还需加强专业的渔业从业人者的补充与培训。近年来浙江省在水产养殖相关从业人员方面也实行了就业准入要求。淳安县就组织了“淡水水生动物养殖工”国家职业资格考证培训班，经过职业技能培训并获得职业资格证书后，才能上岗工作。并逐步实行有偿使用、从业凭证、规范管理、违规退出等制度，大力推行了养殖准入制。这一制度也进一步保证了水产品的质量安全。

4）质量安全认证相对滞后

目前在浙江省的水产品企业中，水产品企业数量较多，但质量安全保证体系不完善，并且存在很大的差异。一些在发达国家已经普遍采用的质量安全认证及标准，在我国只有一些出口企业或者大型企业开始实施，所占比例较少。很多大型的水产企业都有完善的国家食品质量安全认证，部分出口企业通过欧盟认证。但是小型企业和个体户经营者数量众多，其质量安全保证意识淡薄，没有完整的质量安全认证，有些甚至并未达到国家的标准要求。

在质量安全认证方面，通过调查舟山市 65 家水产品企业，得出相关数据资料。拥有 ISO 14000 环境认证的水产品企业有 24 家，未认证的 41 家。拥有绿色企业清洁生产认证的有 27 家，未进行认证的 38 家。有 ISO 9000 质量认证的水产品企业 39 家，未认证的 26 家。在 65 家水产品企业中，得到三项认证的企业只有 18 家。

1999 年，舟山市第一批企业获得了欧盟认证，到 2013 年舟山市辖区内的出口食品生产企业共有 99 家，其中具有欧盟注册的出口企业已经达到了 47 家。而且近几年来，舟山市的出口企业申请欧盟注册的逐渐增多。过去基本上都是政府要求企业申请，而现在企业为了自身发展，开始主动申请。

5）政府投入相对较少，水产品检测工作进展缓慢

目前国家和地方政府已经出资建造了一些水产品质检中心，但是和我国的水产品需求相比，投入的资金还远远不够。因为每天开展检测工作，所需的成本费用很高。另外，平时用于水产品质量检测的仪器和设备价格十分昂贵，即便是建设一个能开展水产品检测的普通实验室，也需要投入大量的资金。所以，倘若没有足够的经费支撑，根本无法开展正常的检测工作，政府的监管就会非常被动。截至目前，很多县区级地方单位由于缺少资金，还未建立专门的水产品质量安全检测机构，对水产品的质量检测只能进行抽样，而不能准确检测，并且还要把样品拿到省里检测机构才能进行检测。有时候还会出现送检样品腐坏变质的情况，只能依靠肉眼感官去辨别。政府资金投入少，很大程度上制约了浙江省水产品的市场检测工作。

7.3.3 浙江省水产品质量安全保证体系建设的难点分析

1）市场准入制度还未建立

浙江省水产品质量安全保证体系难以建立完善，主要是市场准入制度和追溯体系的建立存在困难。浙江省的水产品市场准入制度还未建立，也和政府部门职责不清、互相推诿有关，形成了水产品监管空白。工商、农业等多个部门职能交叉不明确导致部门间难以协调配合，因此有关市场准入和准出制度还未能建立并完善。

在市场准入方面北京和上海做得比较好，已经建立了市场准入体系，很多地方值得借鉴。北京市从2006年起对蔬菜及水产品实行准入制度，规定北京市内与其他省市的水产品企业、渔业养殖基地、个体渔业生产者等的水产品进入北京市场，必须提供检验合格证明和产地证明。水产品必须要具备检验合格证明和产地证明，才能进入市场，水产品半年内连续三次抽检不合格的将被勒令退出北京市场。进口水产品必须有报关单。票据证明不足或者与货品种类不符的水产品不允许上市销售。在市场和商场、超市里经营的水产品摊位或者柜台要制作标明品种、产地等信息的公示牌，进行挂牌公示经营。进货时未履行验收制度和未进行相关检测的企业，将追究其责任并记入企业信用监管系统。上海市也在2013年开始实行水产品质量安全准入制度，重点针对的主要是大宗淡水水产品和上海市销量较大的水产品。

2）水产品追溯体系滞后

建立完整有效的国家水产品可追溯体系是水产业迫切需要解决的问题，而作为一个系统工程，涉及整个水产品产业链的各个环节，规模庞大，需要进行跨地区跨行业的配合。由于水产业具有品种多样性、生产多样性、流通链多样性和产业集中度低等特点，采集产品信息的困难很大，靠一个企业或局部地区很难建设并长久维持，必须由国家各主管部门组织实施这一项工程。

水产品追溯体系之所以发展滞后，主要的一个原因就是水产品标码困难。目前一些规模化的养殖户生产的水产品，一般情况下是每一批货可以查到相关的准入信息，但是进入城市之后分散的销售，追溯起来就很困难。据统计，在所有水产品养殖企业中，除了部分企业、合作社形式的规模化生产，大多数还是个体户等一些零散的组织。这些零散组织生产的水产品同样也会进入农贸市场进行销售，因而很难将其统一到产品生产的标准化生产体系中。

浙江省的食品追溯体系已经逐步建立，但水产品的追溯体系比较滞后。目前主要依靠水产品经营者自身主动的质量保证体系，一些水产品企业为了建立自己的品牌，使品牌赢得好的声誉和评价，会对自己的水产品质量严格要求，特别是大型的企业，对品牌要求更高，其水产品质量安全更有保证。

除此之外，可追溯体系的建立还涉及渔业管理部门、工商税务、市场管理等多个环节，并非一个部门就能在大范围展开水产品追溯体系。对于多部门的合作要求很高。

因此，建立水产品质量安全追溯体系还存在一定困难。

7.4 构建网销水产品质量安全保证体系的对策和建议

7.4.1 建立健全法律法规体系

法律对社会秩序起着调节作用，对社会生活中人们的行为起到约束作用，限定了行为尺度，并能教育和引导个人与单位的行为。对于违反法律的个人和单位，要依法对其进行处罚，并承担相应的法律责任。只有完整的法律法规体系才可以保证水产品的质量安全。

法律法规是指导人们行为的准则和依据，也是衡量的标准。我国水产品质量安全相关法律立法起步比较晚，配套法律法规不够完善。执法人员不足，食品安全法律责任不清晰。消费者申诉和维权不顺畅。建立、健全水产品法律法规体系，明确水产品质量安全标准，清晰划分各部门的监管职责，并建立相应的归责制度，保证政府部门间的权责统一，是完善我国水产品质量安全法律法规体系的主要任务。

当前关于水产品质量安全的法律很多但不能组成一个完整体系。建议制定统一的水产品质量安全基本法，对水产品质量安全进行完整、系统的规定，明确质量安全管理部门以及对各单位职权和责任进行合理分配。在已有法律的基础之上，还要制定一些针对水产品质量安全保证的管理办法与质量标准。针对质量认证、质量安全标准、渔药使用、质量追溯、检验检测、市场准入等不同的方面制定相应的标准与实施办法，并严格执行。还应赋予执法部门充分的执法权，执法部门在具体的执法过程中普遍存在执法力度薄弱的情况，不但损害执法部门的威信，还阻碍了政府的管理工作。应该让执法部门拥有行政强制权力，相关执法部门有权对存在质量安全问题的水产品依法进行处理。

在这方面，欧美等发达国家的水产品质量安全相关法律法规非常完善，政府部门对水产品质量安全管理实施具体工作，其结果就是欧盟拥有号称世界上“最严格的食品安全制度”。欧盟的水产品质量安全保证体系拥有明确、科学以及高效的突出特点。欧盟于2000年1月发表了《食品安全白皮书》，决定“从农田到餐桌”“从池塘到餐桌”全面立法。2002年又建立欧盟食品安全局，解决全部关于食品质量安全的问题，其中就包括水产品质量安全。

挪威在水产品质量安全方面还是处于世界领先地位。挪威对在水产品质量的管理，机构设置、政策的制定与实施方面，都以质量安全为首要目的。挪威水产业以可持续发展为理念，有关渔业的法律法规由渔业与沿海事物部、环境保护部、农业部、劳动部和地方政府颁布，严格实施，确保本国水产业的规范化和制度化。《水产养殖法》是挪威水产养殖业最重要的法律。挪威还从水产养殖病害报告制度、用药监督制度、养殖产品检测制度、养殖记录规定、饲料监管制度、产品标签规定等各方面对养殖水产品的生产环节进行质量安全规定。挪威水产品质量安全的相关法律较多，涉及得比较全面，表 7-4 是挪威渔业法律法规汇总。

表 7-4 挪威渔业法律法规表

颁发部门	法律法规名称
渔业与沿海事务部	水产养殖法
渔业与沿海事务部	鱼病防治法
渔业与沿海事务部	渔港、运输法
渔业与沿海事务部	水产品质量控制法
环境保护部	有关鱼类孵化养殖场的构造、装备、建立和扩建条例
环境保护部	污染防治法
地方政府和劳动部	建设和法规法

7.4.2 建立独立的水产品质量安全管理部门

基于政府管理部门权限不清的现状，急需建立一个独立的、专业化的水产品质量安全管理部门，这个部门对上级直属单位和人民群众负责，由政府统一授权、统一安排，明确自身职责与权力，重新界定管理权限，使得权责统一。通过协调各部门间的分工与合作，避免权责不清或者多头管理的弊端。

与此同时要完善分级管理制度，增强部门间的配合。必须强化省级水产品质量安全管理部门的专业化建设，提高其监督能力，定期对水产品安全进行评估与鉴定。加强企业政策的执行力，全力配合政府专业部门，加大水产品质量安全管理。政府应制定完善统一的水产品安全制度，加大行政力量监督各部门的工作情况。确立统一的检验检测标准，若出现水产品安全事件，要加大对事故查处的力度。

7.4.3 加强渔业生态环境保护

水域环境是水产品质量安全的源头，防止水污染是把好水产品质量安全工作的第一关，是保证水产品质量安全的首要环节。渔业水域的自净能力十分有限，所以要防止水域的污染，将入海污染物排放量作为一项硬性的指标，严格控制污染物的排入量，防止工业废水和生活污水排入海洋。

对水产药物残留的控制坚持以预防为主、治疗为辅的防治原则。严格管控渔药的使用情况，少用抗生素和其他化学药物。合理地养殖和捕捞水产品，不使用化学添加剂，从源头上保证水产品的质量安全。同时也要加大宣传力度，呼吁民众保护水资源及生态环境，让所有人提高环保意识，了解到环境保护的重要性，大家从自身做起并互相监督，才能更好地保护我们的环境。

要坚持“保护优先，合理开发”的原则，确保渔业资源可持续开发和利用。通过调研了解到渔业水域的环境承载力，为了保证渔业资源的可持续发展，要制定合理的渔业规划。并利用科学技术，降低渔业产业对生态环境的破坏。还应强化海洋监测系统，不断提升监测水平，以便更好地保护渔业生态环境。

7.4.4 提高网销水产品从业人员的质量安全意识

网销水产品全产业链的从业人员对整个水产品的质量安全起到很大的作用，所以他们的质量安全意识极为重要。水产品销售商要对水产品销售区域进行合理的布局，严格控制卫生情况，防止流通过程中出现二次污染，还要保证低温运行，加强从业人员的控温意识，提高相关人员的质量安全意识和自觉性。

提高网销水产品从业人员的质量安全意识对水产品生产与流通过程中的质量安全保证十分必要，增强从业人员的自我监测能力才能有效确保水产品品质。各生产经营者注重自身的质量与安全检测，对不符合标准的产品一律不予上市销售，这就从根本上消灭了水产品质量安全存在的一系列问题。西方发达国家十分重视水产品质量安全的预防工作，以预防为主，在预防的前提下，对于出现的水产品质量问题有效控制、积极解决。在全社会形成诚实、守信的氛围，让生产经营人员和养殖人员自觉遵守国家的相关规定标准，形成按质论价、优质优价的质量安全氛围。

7.4.5 加强网销水产品质量安全认证

水产品质量安全认证是国家控制水产品质量、保证水产品安全的一个重要方式。加强水产品质量安全认证，可以保证产品质量，增加产品身份透明度，提升企业形象。目前我国消费者对食品安全的信任度很低，消费者由于受到自身专业知识和检测条件的限制，无法对食品进行准确的质量安全判断。水产品加工企业为了向消费者证明自己产品的安全和优质，只能依靠相关质量安全认证证书的方式，如 ISO 9000 质量管理体系认证证书、ISO 14000 环境管理体系认证证书以及相关的原产地认证等。这些具有权威性的第三方认证，不但让消费者放心购买，提高了企业的经济利益，还有利于维护企业自身的品牌形象。企业具有较全的质量安全认证，甚至拥有欧盟认证，可以提高企业在国际市场的竞争力，帮助企业赢得国际市场消费者的信任和喜爱，最大限度地争取市场份额。有利于企业的长久发展和利润的最大化，从而实现企业的可持续发展。

网销水产品为了实现优质优价，性价比高是一方面，更重要的是保证水产品的质量安全。由于其网上销售的特殊性，企业要想得到发展，形成自己的品牌知名度，要对自身产品的质量有所保证。而顾客只有通过其相关认证来了解企业情况，才能放心地购买。国家级甚至国际级水产品质量认证标准更有信服力。网销水产品企业主动申请质量认证，将认证证书上传至互联网，消费者因为信任而愿意购买。不但提升了品牌形象，实现了利益最大化，更能监督企业把好水产品的质量关。

7.4.6 加大政府投入，建立完善水产品检测体系

全力争取国家相关部门对水产品市场准入的支持，加大对水产品质量安全标准的制定和实施，加快水产品质量安全认证工作。依靠政府资金的投入，尽快完善相关的检测体系建设。政府一定要加强对水产品生产企业的监管，尽快建立健全水产品质量安全检测的网络体系，要为检测部门配备相应的技术人才和先进的检验、检测仪器，抓紧完善省、市、县三级联动的水产品检测体系。县级检测作为检测工作主力军，对即将上市的水产品进行严格检测，结果达到合格标准后才允许上市销售。最后的结果应该储存在水产品质量安全追溯系统中，以便相关人员进行查询和展开抽样调查，对在流通过程中使用的保鲜所使用的保鲜剂、添加剂更应该加大检测力度。

由于现在对水产品的检测项目比较单一，设置不够完善，所以应该增加检测检验指标。具体包括：在捕捞过程中用于保鲜的有害物质、养殖过程中残留的药物、贝壳类生物所产生的毒素、水产品中的重金属及销售过程中商贩所使用的渔药等。对所有产品进行全指标检测几乎不可能，但应该掌握其安全动态，对比较普遍的主要的有害物质进行重点检测，在节假日等旺季可以选择全面检查。除此之外，随着检测技术水平和检测手段的不断提高和完善，将逐步发展使用更加快速的检测项目，比如药物残留、重金属残留、色素、激素、生物毒素等有害物质检测。要全面对药物残留的检验和检测方法进行全方面普及，使有害物质的检验、检测的标准不断完善，要尽可能地实现水产品市场准入这一需求。

通过对其他国家的研究发现，西方国家政府在食品质量安全方面非常注重对科研培育、教育培训、检测等方面的投入。努力争取增加对质量安全工作的资金投入，才

能保证水产品质量安全等相关工作的顺利实施，不断加大水产品质量监督的科研资金投入，完善检测检验设备，是提升我国水产品质量安全的重要前提。参考江苏省的做法，对渔业质量安全拨出专项资金，专款专用，确保良种、标准化生产、疫病防控、质量认证和监控、技术支撑等方面的建设。

7.4.7 建立健全网销水产品准入制度和追溯制度

全力争取相关政府部门对水产品市场准入的支持，使水产品质量安全标准的制定与修订更加全面、严密，完善检测、检验体系的建设与水产品质量安全认证的投入。协调相关单位制定相应的水产品市场准入制度，严格把控水产品的准入关，尽快建立水产品质量安全检验检测的网络体系，加强对水产品进入流通领域的监督和管理。引进或培训专业技术人员，配套的检测设施要先进、齐全。检测发现没有经过认证或者检测不达标的水产品，不允许其进入市场销售，检测发现有严重质量安全问题的水产品，一经查出全部销毁，并且对水产品经营者进行相应处罚。达标的水产品才可以上市，其检测结果应该储存在水产品质量安全追溯系统，以供消费者随时调查，开展市场抽查，加大对添加剂和有害化学物的检测。

为确保水产品质量安全，网销水产品企业往往采取各种措施，如建立 HACCP 体系等。但即使水产品是安全的，消费者在购买时也存有疑虑。为了让消费者放心购买，应详细记录生产和流通过程中的相关信息，利用互联网技术将信息上传至互联网，方便消费者随时随地查询。消费者了解了水产品从捕捞到销售的整个过程，拥有了知情权，解决了信息不对称问题，才能更放心地进行购买。水产品可追溯体系就是一种可以使生产与消费展现出来的，使消费者掌握其生产与流通的全过程，并且可以知道在整个过程中全部符合卫生标准，让消费者放心消费的信息管理系统。在市场竞争日趋激烈的今天，可追溯性已经成为各国政府和企业处理食品安全、质量保证、风险预防等问题和赢得消费者信任的重要手段。

为了实现水产品的完全可追溯性，水产品可追溯体系应由法律法规和信息系统两大部分组成。如图 7-3 所示是我国水产品生产、加工、流通链模型。水产品可追溯系统要求全程记录每一件（批）产品在每一个节点上发生的可追溯信息，非常复杂，必须以计算机信息系统作为支撑手段。

可追溯系统要想顺利运行，首先要整合生产、流通和销售过程中的大量信息。通常一个企业内部的数据信息比较容易管理，方便统计和查询整合。但是可追溯系统需要对整个供应链的各个环节进行信息管理，包括政府部门和企业自身的数据和信息。想要把这些协调整合在一起，实际操作起来并不简单。

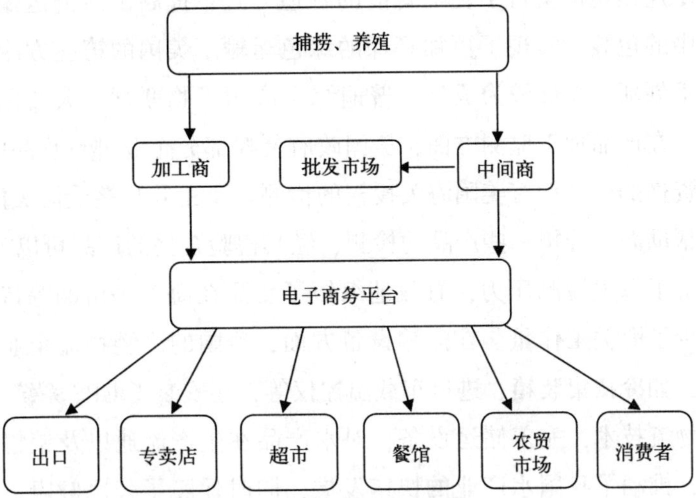

图 7-3 中国水产品流通模式图

水产品追溯体系就是利用现代化信息技术给每一件水产品贴上标签，记录完整的信息和管理记录，人们可以通过追溯体系对该产品的各个环节进行查询。一旦市场上发现对人们健康存在危害的产品，就会追踪到整个生产过程，哪个环节出现问题都可以查询到；水产品从捕捞到生产以及售卖整个过程都可以迅速查出。追溯制度还加强了产业链的各负责人的责任感。质量不合格的水产品会被清退出市场，质量达标的水产品因此建立信誉，获得了相应的经济利益。

7.4.8 提高冷链物流技术

要全面提高多个基本环节的冷链物流技术，包括加工水产品的冷链、储存、分拣、运输、批发过程的冷链物流技术。加大冷链物流技术的研发和创新，不断升级相应的配套设施，建立微型冷库、冷链运输车、冷藏集装箱、保鲜车、冷冻陈列柜和速冻设备等。提升冷链流通的速度，减少水产品的损耗量。还要积极培养冷链物流方面的技术人才，开展相关的知识培训，确保水产品在各个环节的质量和安全。

在冷链物流方面，可以借鉴美国政府的做法。美国政府颁布了一系列关于冷链物流的规章制度，并在 2002 年出台了《冷链质量指标》，还成立了“冷链物流协会”，负责冷链物流的一系列事务活动。冷链物流制度对于产品包装规格和材料、冷藏温度、运输等进行强制性规定。对包括水产品在内的食品冷链运输进行了详细的规定，对温度和时间都有严格的要求。以此保证产品在生产及运输过程中的质量和安全。近几年为了践行绿色、低碳的物流理念，美国很多的货物转移由铁路运输，降低了成本。

美国的大型连锁超市实行了更加智能的管理方式，提高了冷链运输车辆的配置和产品运输过程中的包装，实现了更加环保的绿色运输。美国的第三方冷链物流企业采取了智能化技术创新，发展较为成熟，普遍综合应用了物联网、大数据、远程控制系统等先进技术。在产品加工监测方面，美国政府授权部分企业进行食品的检测和检验，这些具备质检资格的企业拥有美国海关授权的检测设备，并且接受海关的不定期检测。这些企业可以帮助海关分担一些产品的检测，经其检验合格的产品可以“免检”出关。这样的做法缓解了海关检测压力，有效地缩短了食品在海关停留的等待时间，避免产品变质，还减少了海关工作量。在运输设备方面，美国的冷链物流企业普遍采用了智能化新型设备，如冷藏集装箱、进口车载温控仪等，还安装了 GPS 系统。

提高冷链物流技术，完善储运设备，对水产品在生产流通以及销售等环节的质量安全有所保证，推动了我国水产业的快速发展，同时保障了公民健康，对浙江省构建网销水产品质量安全保证体系提供了必要帮助。

第 8 章 中国舟山国际水产城发展电子商务的案例分析

舟山国际水产城是我国最大的水产品交易市场，在传统商务模式下曾经走过辉煌的历程。在电子商务迅猛发展的今天，舟山国际水产城的进一步发展面临着巨大的挑战，同时也具有自己的优势和机遇。迎接电子商务发展的时代潮流，拥抱和创新发展水产品电子商务，既对舟山国际水产城的转型升级具有重大意义，对于其他水产品市场在电子商务环境下的转型升级也具有参考价值，同时还对水产品电子商务发展的系统和环境建设具有一定的理论意义。

8.1 中国舟山国际水产城历史与现状

中国舟山国际水产城于 1989 年 5 月创建，其前身为舟山水产中心批发市场有限责任公司。沈家门渔港，有着独特的天然优势，是中国渔业资源最为丰富的海洋渔区。水产城作为水产品产地市场，是以生产服务为主，它得益于东海渔场得天独厚的地理优势，充分发挥其自身作用，对地方渔业经济的发展作出了突出贡献，促进了舟山渔业水产行业的大繁荣。

创建 20 多年以来，中国舟山国际水产城紧紧围绕渔业产业化发展建设核心，努力创新，实现服务品质、交易方式、流通格局、经营体制的新突破，已初步建立了集活、鲜、冻、干水产品交易于一体，同时结合购物、旅游、尝鲜在其中，产、供、销一条龙服务，规范化管理，全方位经营，多功能服务，面向国际的大型专业水产品批发市场，现已成为国家级重点大型批发市场、国家农业产业化重点龙头企业、浙江省现代服务业集聚示范园区、重点流通企业、四星级文明规范市场，成为中国百强商品批发市场、全国“20 强”水产品批发市场、浙江省改革开放 30 周年功勋市场、中国浙商行业龙头市场。截至 2013 年年底，中国舟山国际水产城已拥有资产 11.96 亿元人民币，占地面积达 30 万平方米，建筑面积 20 万平方米，交易岸线长达 1200 米，现有船舶泊位 13 个，有活、鲜、干、冻水产品交易注册经销商 600 多家，水产行业配套服务经营商家 300 多家，和来自全国各地的交易客商约 4000 家，建有中国渔市大型专业水产网站、舟山渔市网上水产品交易市场服务网站和中国舟山水产城指数服务网站，注册有“千鱼”“千屿”牌标。2013 年，中国舟山国际水产城实现水产品交易达 63 万吨，交易金额 85 亿元，接纳了来自鲁、江、浙、沪、闽等华东沿海四省一市的交易渔船 12 万艘次，交易人次达 300 多万，在全国同类市场中名列前茅。

中国舟山国际水产城已经成为全国水产品批发的信息集聚中心、价格形成中心和集散中心等。随着“互联网+”时代的到来，水产城早在 1999 年年底就推出了专业性的水产网站，以及时发布行业动态、水产品价格行情、供求信息、市场信息。网站较短时期内，便在互联网上具有了一定的影响力。为了应对互联网经济带来的挑战，水产城必须从战略的高度重新审视水产品电子商务的实施策略和发展模式，促进企业经营模式的发展和升级。

为了进一步完善和扩大中国舟山国际水产城总体规模、持续提升自身的核心竞争力，水产城实施了全面的提升改造。项目工程总占地约 11 万平方米，总建筑面积约为 19 万平方米，耗资约 11. 5 亿元，形成以水产品交易为主要功能，同时包含产品展示、休闲娱乐、旅游购物和商业办公在内的综合型国家级大水产市场，建设了集综合商贸区、旅游集散中心、国内外优质水产品交易区、水产品经营区、海洋文化展示体验中心等于一体的创新型水产市场，融合沈家门渔港风情，塑造“活力普陀”的新城市地标形象。

“十三五”期间，中国舟山国际水产城将以建设国家级的大市场为方向，紧紧围绕建设“大市场、大物流、大产业、大发展”的目标，不断坚持“突出中心，拓展两翼”的战略方针，打造成设施领先、管理完善、服务一流的国家级重点大型水产品批发市场，把中国舟山国际水产城建设成为全国乃至全球的水产品直接交易市场、渔市水产信息中心和科技会展交流中心。

2016 年，中国舟山国际水产城荣获浙江省“十二五”商贸百强企业的称号。2017 年全年市场实现交易额近 112. 5 亿元，交易量 72. 1 万吨，同比增长 12. 5%，7. 93%。中国舟山国际水产城坚持深化国家级大市场“五大体系”和“五大中心”的建设，全面优化整体产业布局，全力打造水产品虚实优良互动、产销无缝连接、商旅融合提升的发展新常态，为浙江省商贸流通行业新发展作出了新贡献、新成效。

8. 2 舟山国际水产城电子商务发展状况

8. 2. 1 舟山国际水产城电子商务平台发展现状

自从 21 世纪互联网浪潮的席卷而来，新世纪的人们已很难离开互联网工作生活了。浙江省内的很多企业都参与到这股电子商务的浪潮中来，其中不乏舟山的水产企业和经销商。中国舟山国际水产城在20世纪末就创立了网站，名为“中国渔市”。中国舟山国际水产城通过“中国渔市”这个平台发展电子商务，以对外发布和更新大量业界信息为主要功能，并逐渐完善其他配套服务，在国内外渔业水产相关行业内取得了一定的影响力。此外，通过这个电子商务平台，企业的内部办公完全实现了自动化，如电子支付、智能门禁系统和电子眼监控等。同时，舟山国际水产城电子商务平台主动为相关企业和市场提供免费在平台内部搭建网页的服务，通过这种方式吸纳了大批会员。以中国舟山海洋渔业公司为例，该公司通过在“中国渔市”电子商务平台上搭建网站开展电子商务取得了良好的成效，其中以其公司旗下品牌“明珠”为代表，通过网站实现了品牌推广和产品对外宣传，有效地提高了其品牌的市场份额和知名度。

2009年，在浙江省渔业局的大力支持下，中国舟山国际水产城注册成立中国舟山国际水产城电子商务股份有限公司，在总结国内外水产行业开展水产品电子商务模式实践的经验和教训的基础上，中国舟山国际水产城充分了解和利用自身独特的资源优势和核心竞争力，正式实施水产业的电子商务发展战略。目前中国舟山国际水产城的电子商务经营模式是建立高效的电子商务平台，为水产品经销商提供服务。该平台不是直接针对个人消费者提供服务，其市场定位是水产业或与中国舟山国际水产城服务相关的其他行业，这种电子商务经营模式也可以称为网上虚拟水产品交易市场。如图8-1所示即为中国舟山国际水产城的水产电子商务平台基本运作模式，它创建于2009年年底（即中国渔市 http：//www. cmf. com. cn），网站正式开通上线标志着舟山市水产业电子商务的开展进入新纪元。中国渔市的建设目标，是以实现水产品资源的网上批发、网上采购、网上销售、网上交易、网络安全配送以及网络安全支付等功能；通过与支付宝等国内比较成熟的第三方支付体系合作，建设资金支付体系，最大限度地降低网络交易的风险。在用户主体上，以现有中国舟山国际水产城内水产品、渔机配件和渔需品等水产行业相关实体经营的店铺为基础，逐步向舟山市内相关水产企业发展，最后向国内外水产品市场等相关产业拓展。在网络物流安全配送的需求上，建立客户可信赖的物流配送中心，把水产城自身配套的物流设施、战略联盟企业及可信任的第三方物流企业相结合。

2014年8月，舟山国际水产城电子商务产业园区正式对外开放。该电子商务产业园建于水产城内海贸大厦五楼，首期开放的办公面积约1300平方米，配套有TP（电子商务）服务商和电子商务管理服务中心等服务，并在大厦一楼设置有约500平方米的货物集中收寄点、储藏区域和包装区域。入驻园区的电商经营范围主要包括

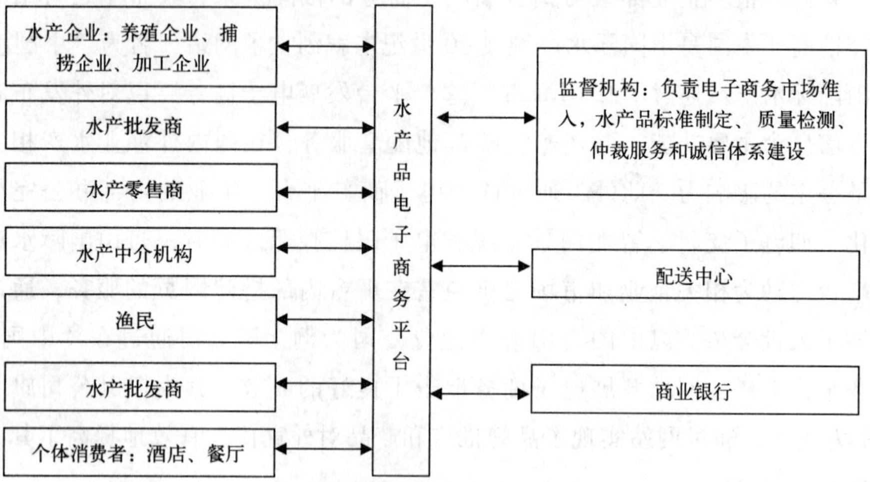

图 8-1　中国舟山国际水产城电子商务平台基本模式

活鲜冻干水产品和旅游周边服务产品等，首期共有 20 余家商户入驻，相关从业人员超过 100 人。目前经营商家主要以第三方电商平台上组建的 B2C 旗舰店以及 C2C 店铺实现水产品电子交易，但总体来说，入驻电商的经营重点还停留于存放时间相对较长的干货水产品的交易，其经营者大多为本地实体经营户或是从水产企业批发产品的零售商，舟山以海产品闻名，使得“舟山海鲜”在网上的知名度不断扩大，但入驻的水产企业较少。据统计，2016 年天猫“双十一”购物节活动当天，入驻水产城电子商务产业园的 20 余家企业成交订单总数超过 2 万笔，线上的销售额首次突破 80 万元，较前一年增长 20%以上。舟山国际水产城电子商务产业园的建立，对扩大舟山国际水产城在电子商务领域的影响力，打造线上、线下相结合的水产品物流集散中心具有重要的作用。

中国舟山国际水产城根据舟山市普陀区政府所提出的电子商务“3232”发展目标战略，推出了一系列扶持舟山水产品企业发展电子商务的举措：对入驻水产城电子商务园的商户给予了一系列费用减免的优惠措施；积极打造中国舟山国际水产城品牌效应，对于入驻水产城的商家的产品进行统一宣传统一包装，走品牌发展道路提高自身影响力；同时借助中国舟山国际水产城自有物流运输系统解决了园区内的大部分水产品物流运输问题；中国舟山国际水产城积极加强与科研机构和高等院校的合作，在研发水产品保鲜新技术、改善水产品冷冻工艺、提高冷冻设备节能自动化控制等方面不断取得突破，争取走技术创新之路。

8.2.2 舟山市政府对水产品电子商务现代化建设的主要措施

1）把水产品电子商务平台的建设作为舟山城市发展的重点规划

2011—2014年，舟山市政府投入了大量财政资金，推动水产品电子商务平台的规划建设、物流、仓储、金融等方面的发展，年均财政投入增速达到5%，对舟山市财政支农来说，是一个非常重要的项目，对于促进舟山市的水产品电子商务平台效益提升和规模扩大起了非常重要作用。

2015年，舟山市人民政府在《关于加快舟山电子商务提升发展的实施意见》中提出要支持渔农产品生产经营者、专业合作社和渔农村经纪人开展电商业务，培养一支农村电商经营队伍。发展水产品等特色网络零售，打造生鲜冷链物流专利品牌。

2）提高舟山水产品电子商务信息化程度

在2015年国家全面推进实体经济与电子商务共同发展的战略引导下，舟山市对水产品电子商务平台的政策也进行相应调整。在最新发布的舟山市发展规划中，将重点打造水产品的电子商务大宗交易市场的建设，通过建设电子商务交易平台，创造一个交易更加公平有序、市场价格更加公允、信息更加公开的水产品交易与批发机制。在这一升级过程中，舟山市将整合区域内单类水产品电子商务平台或各单一的水产品，形成了市场信息化程度更高、覆盖范围更广泛的电子商务中心，这对于发展现代化的水产品电子商务平台非常有利。

3）促进舟山水产品现代化物流配送体系的建设和完善

舟山市政府联合了优质的第三方物流服务企业，打造了多个现代化的物流园。物流园区内都配备相对完善的冷链物流，包括大规模的冷库以及其他的冷链物流的基本设施等。这就为现代化水产品电子商务平台的发展以及海产品的跨区域、跨境交易创造了较好的物流配套设施。

8.3 舟山国际水产城发展电子商务存在的问题

8.3.1 舟山国际水产城市场功能体系不够完善

舟山国际水产城当前的水产品交易市场的优势是具备相对丰富的交易品种，但存在产业链、供应链断裂的问题，行业相关的产业的合作并不十分严谨，上下游企业合作不紧密，这就导致了目前舟山市水产品批发市场的功能布局不够合理、规模化程度低，功能无法覆盖整个行业产业链。

8.3.2 水产品电子商务交易配套服务体系相对滞后

舟山市对于水产品电子商务平台相配套的服务供给相对滞后，这包括物流仓储服务、金融配套服务以及信息发布服务等。

(1) 舟山市目前现有的第三方物流服务以及水产品对应的仓储服务，主要是在民营市场自发形成的综合性的物流基地，这些物流基地大都缺乏现代化、高效率的物流仓储，因基本都是民间资本投入，所以在仓储标准化、信息化建设方面都相对落后，使得物流运营整体效率低下，这些都不利于水产品现货交割模式。

(2) 目前舟山市当地信托类公司、商业银行等金融机构组织不健全，对于水产品质押融资服务，商业银行及信托类公司的关注度不够。这类金融机构多以国内市场为主，缺乏对跨境贸易融资的市场拓展，而舟山市内又缺乏外资银行，也未开展舟山市靠站水产品融资贷款业务。舟山市甚至国内普遍信托机构较为匮乏，这也使得水产品贸易的信托担保存在很大的困难。再者，舟山市还未开始实施人民币跨境贸易结算，这也增加了其金融服务不够完善的问题。

(3) 水产品价格指数形成的发布机制也尚未形成，可获取的市场信息严重滞后。这对于水产品电子商务平台以公平市场价格推动批发交易、真正推动价格市场化等很不利。

8.3.3 水产品交易缺乏有效的市场监管机制，也存在一定的法律漏洞

目前中国舟山国际水产城水产品批发交易的监管机制还有待完善，法律法规和相关政策的不完善对市场发展有极大的阻碍。首先，水产品批发监管规章制度的缺失，增加了商户的法律风险，也无法约束投机性行为，这就更加加重了交易的危险性，缺乏稳定性，这也不符合国际上相关的水产品批发的原则与目的。其次，舟山市政府发布的针对水产品电子商务平台运营的相关监管制度也存在明显缺陷，特别是舟山市市场监管部门拟定的地方交易管理办法存在缺陷，现行的管理办法缺乏对市场的有效监督，在取消交易商资格、提高保证金比例、提前收市、暂停交易等现行制度方面上，还缺乏专业的第三方监管，这更加剧了市场信息的不对称。

8.3.4 受文化刚性的影响，企业对发展电子商务存在一定抵触

长久以来，舟山国际水产城的管理者和商户都习惯按照传统的方式进行水产品

交易。在这种旧的交易方式下，他们曾取得过一定的成功，并对这种传统交易方式深信不疑。但伴随着经济社会的发展、周边环境的不断变化以及信息技术的普及，水产品电子商务这种新的交易方式，出现在企业的经营过程中时，企业管理者会受文化刚性的影响，不自觉地对变革产生抵触。企业管理者之所以抵制变革主要是出于对自身地位和既得利益的维护，他们担心采用水产品电子商务这种新的交易方式所产生的结构性调整会威胁到自身在组织中的处境。同样，实施这种新旧交易方式变革会使企业面临更多的不确定性和传统优势的丧失，也意味着对已经建立起来的传统水产品交易过程、资源和利益配置方式实施破坏。以上种种原因，使得舟山国际水产城对于发展电子商务存在一定的抵触，更加留恋传统的水产品交易方式。

8.3.5 企业内电子商务从业主体人才稀缺，技术水平相对落后

目前，舟山国际水产城内从事电子商务经营的主体主要有渔业合作社、渔业专业户、水产品企业和从事水产品电子商务相关行业的返乡创业者。

渔业合作社是在以捕捞或养殖大户为基础形成起来的，是为每个养殖户提供服务的一种组织。现在的合作社通常是在有经济基础的捕捞或养殖大户的基础上成立的，真正从事水产捕捞养殖的一线渔民实际操作的经验较为丰富，但是文化水平较低，不会利用电子商务平台扩大发展，难以发挥带头作用。一些大型的水产捕捞养殖户，通过长时间的积累形成了一定的经营规模，但是往往文化素质偏低，思维限定在传统的交易模式中，创新能力和眼界思路都有局限性，所以不会借助互联网来发展市场。大型水产品企业具有人才、资金、规模化经营的优质产品优势，具有发展电子商务的条件，又有积极性，但受制于信息技术水平，真正实施电子商务的水产品企业只是极少数。从事水产品电子商务相关行业的返乡创业者，他们接触了新鲜事物，开拓了眼界和思维，是发展电子商务的中坚力量，他们把现代电子商务与传统产业相结合，对水产品电子商务的发展产生了积极作用，从而带动当地的经济发展。

此外，由于舟山是个群岛型城市，受地域阻隔的限制导致电子商务信息技术相关先进科学技术的传播具有滞后性，这也从根本上决定了舟山整体电子商务水平相对较低的现状。

8.4 舟山国际水产城电子商务运营的环境分析

8.4.1 内部因素分析

1）市场管理者分析

中国舟山国际水产城目前的管理结构，从管理学的角度来说，采取的是直线制组织结构。水产城董事会下设董事长和总经理，总经理直接指挥三个副总经理，而三个个副总经理则直接管辖 13 个不同的职能部门，分别为：办公室、人力资源法务部、计划财务部、企划信息部、结算服务中心、后勤物资保障部、物流运配公司、基建工程部、交易服务部、现场管理部、物业管理部、中沙头交易分场和商贸旅游服务部。中国舟山国际水产城现有领导框架如图 8-2 所示。这是一种最简单最单纯的企业组织结构形式。其中命令的流向呈一条直线由上到下贯穿于舟山国际水产城整个企业组织之中，每个下属只有一个直接上级，只接受一个上级的指挥。中国舟山国际水产城的这种管理结构具有结构简单、职权集中、责任分明、指挥统一和沟通便捷的特点。

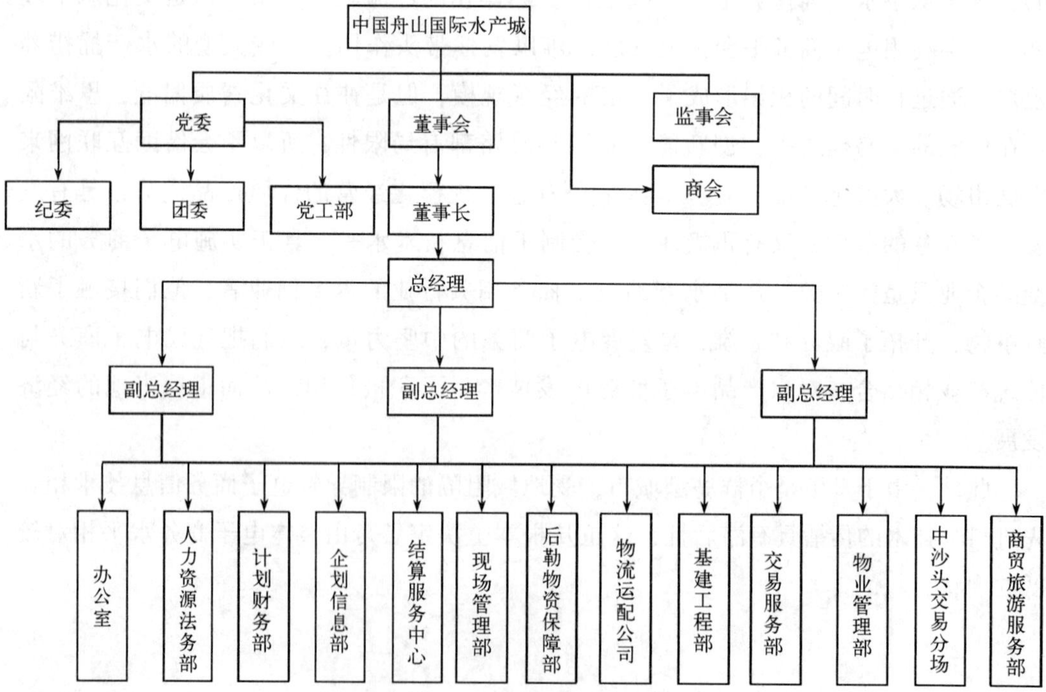

图 8-2 中国舟山国际水产城领导框架

2）经营商户分析

目前舟山国际水产城将市场划分为活、鲜、干、冻四大水产品交易区，市场内共有注册水产品批发商600多家，其他水产品配套服务经销商300余家。舟山国际水产城内的电子商务产业园共有20多家水产品企业入驻，从业人数有100多人。舟山市的水产品电子商务主要采取大型水产品企业建立垂直网站和依托第三方电子商务平台两种模式发展水产品电子商务，受电子商务人才和技术设备的限制，大多数水产品企业倾向于选择依托第三方电子商务平台。不少水产品企业已经享受到发展电子商务所带来的便捷以及发展水产品电子商务在压缩水产品流通成本、提高经济效益方面所带来的好处。经过多次对舟山国际水产城的走访调查，笔者了解到，水产城内的经营商户已约有半数企业以多种方式对水产品电子商务进行了积极的尝试。

现阶段舟山国际水产城经营商家主要以第三方电商平台上组建的B2B、B2C旗舰店以及C2C个人零售店铺实现水产品电子商务交易，且经营商户大多是第三方水产品批发商或者零售商，由舟山国际水产城自立门户开展水产品电子商务交易的并不多见。参加水产品电子商务交易的客体以保鲜期较长的水产品干货为主，还有少量企业也开展了冷冻水产品的电子商务交易，但目前并没有涉及生鲜水产品电子商务交易的企业。

3）舟山水产品基础及其特殊性分析

（1）舟山水产品表现形式多样化。舟山群岛地处我国东部沿海和长江入海口的交汇处，拥有全国最大的渔场东海渔场，渔业资源总量十分丰富，且表现形式多种多样。其中包含鱼类约300多种，60多种不同的虾类，10多种海蟹和百余种贝壳类。同时，舟山也是全中国最大的水产品生产加工批发交易基地，是名副其实的“海鲜之都”。舟山的水产品种类繁多，按照保鲜期由短到长可划分为鲜活水产品、冷冻水产品和水产品干货三种：鲜活水产品保鲜期最短，是从捕获出海开始直接进入市场交易；冷冻水产品指的是水产品商户在禁渔期结束后的鱼获大量上市期，以相对低廉的价格大量购入鲜活水产品并放进冷库中保存以供日后销售，冷库设备的好坏直接影响着冷冻水产品的质量和口感，有些经过先进科学冷冻技术的冷冻水产品其解冻后的口感与鲜活水产品相差不大；而水产品干货通常是鲜活水产品经过日晒风干或者进行食品加工成即食型熟食的方式，参与市场交易，它对水产品的保鲜时效并没有严格的要求。从水产品的捕获来源上区分，又可以将舟山水产品分为通过渔船在近海远洋捕捞的野生水产品和人工养殖型水产品两种类型。渔船捕捞型水产品呈现出数量庞大和价格相对低廉的特征，通常在一定的时节如渔获期集中大量上市，如对虾、富贵虾、梭子蟹等，而人工养殖型水产品一般量少且价格相对高昂，如人工养殖的大黄鱼、鲍鱼、海参等。

(2) 水产品不易运输和储存。水产品因其自身特性如对保鲜期时效要求严格，且水产品的新鲜程度往往决定了其价格，因此对于水产品的储存和物流运输有着较高的要求。其中水产品干货的要求相对较低，储藏在通风干燥处即可；而冷冻水产品的运输过程要实时监控水产品的温度，通过冷链物流先进的温控技术，能够控制整个物流过程中的温度，最大限度地确保冷冻水产品的品质和安全；鲜活水产品的运输储存在冷冻水产品运输储存的基础上提出了更高的要求，不仅要精确控制运输储存过程中的温度，对运输储存环境和水分湿度也有相应的要求，唯有如此才能最大程度地保活保鲜。

(3) 水产品的供货不稳定。舟山水产品，尤其是渔船捕捞型水产品，受天气、时节、环境变化以及政府决策等因素的影响，水产品供货和交易量呈波动性变化，且不同种类的水产品产量不均衡。例如在2011年舟山水产品总产量142万吨，小黄鱼和鱿鱼类产品的产量明显增长，导致鱿鱼类水产品的价格出现严重回落；而虾、带鱼等水产品产量分别相比上一年则呈下降趋势，导致相应的水产品市场竞争激烈，虾、带鱼等水产品的价格明显上升。舟山水产品这种供货量不稳定的特性，对于规模化发展水产品电子商务有一定的阻碍。

(4) 水产品价格变动频繁且幅度大。舟山水产品价格频繁波动且涨跌幅度大。受天气季节因素、捕捞渔船数量、水产品市场竞争状况等多种因素影响，舟山水产品的价格基本上每天都会波动一次甚至几次。以舟山出名的梭子蟹为例，在夏天8、9月份集中上市期，由于市场存量大，导致梭子蟹的价格最便宜时只有每千克10~12元，而在捕获量较少的冬季，价格会上涨五六倍。

8.4.2 外部因素分析

1) 电子商务对传统水产品商务模式的影响

随着信息技术的发展和互联网的普及，电子商务逐渐渗透到各行各业，对于传统产品交易模式带来很大的影响，而对经营管理模式本来就是原始落后，而且经营收入的来源狭窄的水产品市场的冲击更大，它会极大地压缩传统水产品交易市场的盈利空间，使传统水产品市场逐渐陷入困境。

近年来，在传统水产品销售模式下，随着销售成本的上涨，导致传统水产市场经营压力增加，交易总量逐年下降，客户和订单数量越来越少。传统水产品市场的经营成本包括人员工资、后期维护费用、水产品采购费用。首先，受全国普遍的用工难和舟山根据国家规定调高社保金缴费基数以及最低工资等因素影响，水产市场本身的人员工资和生产所需的委外服务项目的收费大幅增长。其次，有一定规模的水产品交易市场，其所经营的水产品，大部分都是海洋水产品，因为腐蚀性较强，所以会对市场本身的建筑物和设备设施造成锈蚀，这就增加了后期的维护成本，而受通货膨胀的影响，后期维护的支出就增加更多了。我国大部分的水产品交易市场，都存在因低下的服务水平和落后的交易方式，导致收入来源都只依靠收租金。而这几年来，由于交易流通方式不断更新，水产品交易市场的成交量不断下降，又受通货膨胀的影响，导致水产品经销商自身经营就非常困难，同时又不断地有新的水产品交易市场开业，导致了行业低层次的低价恶性竞争，使得水产品交易市场通过提高租金来增加营收的可能性减少。运营成本的不断增长和经营收入的不稳定性，导致一些水产品交易市场生存的压力大大增加。

传统的水产品经销商，其盈利能力也在不断下降。这些销商，90%都是个体工商户，自身不具备较强的抗风险能力。又因这几年来，受通货膨胀的影响，水产品的捕捞、养殖、物流储存、流通成本的涨幅较大，再加上海产品捕捞量的不断减少，导致水产品的采购价格不断上涨，水产品销售市场经销商的经营困难陡增。水产品市场商户的租金、员工住房的租金上涨，员工的工资上涨，这些都成了总体经营成本不断增加的因素；随着水产品采购成本不断上涨，经销商流动资金的需求也相应加大，这就增加了其融资成本和难度；随着水产品采购价格的增长，但相应的销售量却并没有同步增加，有的甚至会减少；同时水产品进价的上涨以及经营成本的上涨，却不可能全部都转移给下游采购商或者消费者，这就导致了水产品经销商的盈利水平下降。对大多数小本经营的个体水产经销商来说，经营的难度陡然增加，所以有的客户干脆退掉商铺；还在困难环境中勉强坚持的经销商中，有的减少商铺租赁数量，有的拼租商铺。水产经销商的这些经营压力，又直接导致水产品销售市场的经营压力增加。

相对于传统水产品交易模式，水产品电子商务交易模式拥有无可比拟的优势，主要表现在以下几个方面。

(1) 压缩环节降低费用提高效率。传统的水产品交易过程繁琐，从水产品交易链的最前端捕捞加工生产到最终端消费者手中有很多的流通环节，很难保证水产品的质量。而通过发展水产品电子商务，则可以大幅度减少上述流通环节，从而降低水产品交易的流通成本，提高水产品企业经济效益，为消费者提高食品安全保障，最终实现水产品企业和消费者共赢的局面。

(2) 加大水产品辐射范围。水产品电子商务，借助互联网技术的优势，突破了时间、空间的限制，将丰富的行业动态信息和优质的产品服务提供给互联网终端的企业和消费者；通过水产品电子商务第三方网络平台的模式，也可以为企业和个人消费者筛选和推送最合适的信息产品和服务。同时，积极发展水产品电子商务，通过配套完善、节能高效的现代化物流配送体系，突破传统水产品交易的物流运输瓶颈。从而有效扩大水产品辐射范围，真正实现渔业资源共享。

(3) 确保水产品追溯制度的实施。随着近几年来经济的迅速发展，居民收入水平普遍提高，消费者对于食品安全问题也越来越关注。为了保障消费者的食品安全，政府相关行政部门要求水产品销售市场执行水产品可追溯制度，目的就是为了消除水产品的安全隐患。但是，由于水产品销售市场长期以来粗放的管理方式以及落后的交易模式，很难按照要求做到可追溯性。有些水产市场也有尝试采用信息化可追溯制度，可是现有的绝大多数水产品销售市场之前并没有使用电子商务模式或者实施电子化统一结算模式。这会造成水产市场的运营成本上升，但依然无法实现目标。电子商务，其业务本身就要求它对交易、运输、支付全程有着详细的记录，所以，自面世之日起，就具备了可追溯功能，水产品销售市场运用电子商务模式，即在不增加额外投入的情况下，就可全面实施水产品可追溯制度，从而震慑在食品安全问题上违规操作的不法分子，有效减少食品安全问题。

(4) 拓展市场业务范围，改进传统的交易方式。目前传统的水产品交易市场的经营收入来源及业务大多比较单一，很难有很强的增长能力，无非就是通过给商户提供经营场所，以此收取租金来获利。水产品交易市场开展电子商务化，其收入可由原来单一的租金模式，转为会员费、交易佣金等；而且，电子商务模式的转变，一定也会大大地拓展市场的其他业务，尤其是直接为水产品电子商务配套的初加工、物流配送、广告等业务。这些改变，同时也可以大大增加水产品交易市场的收入。目前，国内大部分水产市场的交易模式是落后的对手交易，这种交易模式已难以适应现在的交易需求，其存在很多问题，比如低效率、高成本、信息不对称、无食品安全保证、交易信息更新不及时等。开展电子商务模式，水产品交易市场可实现网上实时竞价拍卖，可彻底解决因落后的交易模式所带来的一系列问题，这将为水产市场的规模化、产业化发展创造良好的先行条件。

2）舟山水产品物流对发展电子商务的影响分析

(1) 冷链物流为水产品电子商务的发展奠定了必要基础。在水产品电子商务交易过程中，物流是一个不能忽视的环节。水产品因为其自身的特性，决定了在运输过程要实时监控水产品的温度湿度和品质。冷链物流运用其先进的温控技术，能够控制整个物流过程中的温度、湿度，最大限度地确保水产品的品质和安全。随着经济的飞速发展，居民收入水平逐渐提高，人们对于水产品质量安全的关注日益突出，促使我国的冷链物流运输系统的不断发展，逐渐形成了以公路运输为主，结合水陆空多种冷链物流运输方式共同发展的新型冷链物流系统，为消费者网络购物提供了极大的便利。目前，舟山的冷链物流发展初见成效，但还需要加强冷链物流基础设施的建设，拓宽冷链物流服务网络，同时建立冷链物流集散中心，专门服务于大型水产品电子商务企业等。另外，由于我国的冷链物流体系发展较为落后，目前舟山水产品冷链物流技术的从业人才较匮乏，且技术水平相对低下，不能很好地满足舟山水产品冷链物流的发展。

（2）水产冷库总量快速增长，但分布不均。水产品的储藏也是限制水产品电子商务发展的难题。新鲜水产品不像其他干货易于保存，它必须储存在冷库中。近年来，随着水产品产量的逐年增加，水产品进出口量的快速增长以及优质冷冻水产品需求的增加，中国的水产冷库快速发展。舟山的水产品冷库总数逐年增长，同时舟山政府以及水产品企业也致力于研究和创新冷库技术。特别是近年来低温物流的迅速发展促进了舟山水产品冷库的发展，其中一些新建冷库能够同时实现操作过程中冷藏链不断和冷冻水产品进出冷库的操作高效合理。但是冷库分布不均，很多地方冷库还是比较少，不利于水产品在各地的储藏。要想实现水产品运输更便捷，还需要多建造配套的冷库，为更好地储藏提供便利的条件。

（3）快捷安全的物流企业还不多。水产品的物流运输过程对实效的追求十分严格。速度快可以保证水产品的新鲜和存活率，顾客在购买时也希望能够在最短时间内收到货品。目前舟山市场上，水产品的运输几乎都会选择顺丰快递。顺丰快递可以以最快的空运方式进行运输，而且有专业的包装方法，保证水产品用最短的时间到达目的地，满足了顾客的需求。但是很多快递公司没有水产运输业务，因为水产品的运输要求设备有制冷和温控的功能，这加大了投资成本。此外，相对于一般货物，水产品的物流操作相对困难，要求也更严格。为了确保水产品的质量和安全，要求在大批量水产品运输操作过程中必须在冷库或低温环境下进行。另外，延长鲜活水产品的保鲜期，水产品的包装技术也很关键，包装既要保证水产品的水分、鲜味和新鲜度，又要尽量避免水产品的脂肪氧化变质。

（4）物流成本在下降，但低于预期。顾客通过电子商务平台购买水产品的话，较高的快递费用也是阻碍人们购买的一个因素。如果国家能够放开运输方面的政策，对水产品的运输来说也是有很大的帮助。近年来，农产品的绿色运输通道已扩大到全国所有的收费公路，通过在收费站设立农产品专用通道口，对于合法的农产品运输车辆实行减免运输通行费等优惠政策。其中减免收费的农产品品质逐步增加，其中也包括鲜活的水产品。但是由于物流经营的专业化、规模化程度不佳以及劳动力成本上升，物流成本尚未明显下降。

(5) 农村物流体系建设对发展电子商务发挥积极作用。随着互联网信息技术的普及，我国农村电子商务的发展逐年加快，已经成为农业经济发展和渔业经济转型升级的强大动力。然而，发展农村电子商务最大的难题在于农村物流体系落后和在线电子支付等基础设施不健全，极大地限制了农村电子商务的发展。为解决这个发展瓶颈，政府推出了一系列举措来保证农村电子商务又好又快发展，包括把农村纳入物流配送范围，拓宽农村网络覆盖，使农村消费者连接到在线支付的终端，这样农村电子商务的发展才真正地赶上“互联网+”的浪头。近年来，舟山已构建起了一个相对完善的农村物流配送网络，基本实现了农村消费者的一站式物流配送体系，为农村消费者网络购物提供了极大的便利。许多银行机构在农村设立了很多新型服务网点，通过这种多功能服务网点将线下支付与线上电子商务结合在一起，更加方便农村消费者购物。此外，农民在大学生村官等互联网知识丰富的年轻人帮助下，也开始感受到电子支付的快捷和网上购物的便利，这对水产品电子商务在农村的开展也会产生积极作用。

3）消费者的认知环境分析

消费者对于水产品电子商务的认可程度以及水产品网络购物的意向意愿，对水产品电子商务的交易过程有着决定性的作用，对于中国舟山国际水产城电子商务的发展有着直接的影响。由于消费者是整个水产品电子商务交易系统的最终端，整个系统从最初的推出产品，全程可追溯的质量检验体系、安全有效的电子支付环境到便捷有保障的物流系统，最终目的都是为消费者服务。消费者的水产品电子商务购买体验和对于水产品质量安全的敏感度，都会直接反馈给水产品企业，并进一步影响政府决策。

消费者作为水产品电子商务购物主体，对于电子商务的认知和选择偏好会直接影响到水产品电子商务整个过程的顺利与否。互联网问卷调查结果显示，消费者还是更加愿意去水产品市场直接购买商品，对于水产品电子商务购物存在着很多顾虑。我们分析了调查结果后发现，首先，是消费者购买水产品的消费习惯，他们并没有习惯从网上购买这些生鲜。其次就是消费者对于生鲜，特别是水产品在网上的交易有很多顾虑。对于购买食材，多年来人们都是习惯直接去市场采购，直接挑选食材，并与卖家进行面对面交易。另外，现如今人们更加注重食物的安全及质量，购买水产品，直接去市场采购的话，可以亲自挑选、货比三家，对于消费者，对于买到的水产品更放心，交易过程也更加简便、安全。如果在网上购买水产品，只能通过间接的介绍来挑选，质量的好坏无法直观把控，消费者会担心买到的是质量不好的水产品，甚至上当受骗。再有，舟山人均收入水平增长缓慢，受收入水平的限制，在当前的恩格尔系数之下消费者更加追求质高价低的商品。水产品网络购物的缺点是不能直观地感受和判断水产品质量好坏，消费者不能形成准确的性价比来判断，且水产品电子商务物流成本较高。所以，比起在网上购买需要的水产品，大多数人更喜欢去周边熟悉的市场，这可以让他们更加安心。随着网络购物的兴起，人们逐渐习惯在网上买衣服和日用品、订机票、酒店等，但是大多数人还不太习惯在网上购买水产品。也许，不久的将来，人们的消费习惯会慢慢地改变。

网上购买水产品的动机是对便利和产品品质的追求。随着社会的进步，居民的收入普遍提高了，生活质量及要求也相应提高，人们更多地开始注重保健，同时开始更加注重食品的健康安全性。而对于收入水平较高的群体，除了愿意选择高品质的水产品，也更加希望能够在购物时更加便捷、省时，因此他们愿意多花点钱利用电子商务平台购物。因为他们有能力承担，一般都会选择大型的电子商务平台来购买水产品。随着经济社会的发展，人均收入水平的提高，电子商务技术的普及和消费者对于电子商务认知度的提高，会有更多的消费者选择水产品电子商务。

4）政策环境分析

2014 年以来，国务院及各部委出台了一系列支持和鼓励开展电子商务和物流现代化发展的政策措施（表 2-1）。这些政策的制定和实施将大力推动我国水产品电子商务的发展。同时，国家政策的支持和财政资金的投入，必定会带动更多社会和企业资金进入舟山水产品电子商务的发展。

舟山作为我国国家级新区之一，依托大宗散货中转基地，改造传统贸易经营方式，大力发展水产品电子商务和电子交易平台，建设成为国内重要的大型专业化水产品交易市场。国家对电子商务的政策支持，浙江省对水产行业的大力支持以及舟山政府对自身渔业和区位优势的开发，都有利于中国舟山国际水产城电子商务的稳定可持续发展。

8.5 促进舟山国际水产城电子商务发展的对策

8.5.1 构建合理的电子商务交易平台

1）几种主要水产品电子商务平台构建方案

水产品的电子商务平台，从功能上划分大致可以分为三大类：信息服务平台、网络交易平台和综合性平台。各级政府水产部门已建立起了一批旨在推广水产品技术、提供科技市场信息、加强安全生产、强化水产品生产监管的水产品网站和农业门户网站，此类网站能为市场提供较多的商业信息，促进了电子商务模式的推广。以大型电子商务平台为基础的第三方水产品交易平台已基本成熟，随着物流业的发展，已经能很好地为中小渔业水产生产者提供从事电子商务模式经营的服务。一批具有较强实力且拥有优质核心资源的企业正在积极搭建自己的综合性的平台，既提供信息，又提供交易，使浏览信息和购买可同时完成。目前，国内主要的水产品电子商务平台构建方案主要有以下四种。

（1）利用现有电商平台拓展水产品交易。利用现有的大型电子商务平台，如淘宝、天猫、阿里巴巴等，采取与第三方平台合作的方式来拓展电子商务。

近年来在省市各级政府相关主管部门的大力支持下，越来越多的渔业水产相关企业开始在阿里巴巴的 B2B 电子商务平台上建立网络商店。截至 2012 年底，在阿里巴巴专为中小企业服务的诚信通商务平台上建站的浙江水产企业已达 2200 余家。随着生鲜农产品电子商务逐渐成为电子商务领域新的商机，浙江的渔业水产相关企业积极投入到水产品电子商务的发展中来。这一阶段的浙江水产品企业进入电子商务领域的主要方式是 B2C 和 C2C 两种模式。吸取前一阶段盲目跟风而受到损失的经验教训，大部分企业采取了相对谨慎的策略，以成本较低风险较小的 C2C 门店作为探路石，探索市场积累经验。截至 2013 年年底，涉及浙江水产品的淘宝 C2C 网店有 12000 余家，其中 3400 多家是各水产企业或代理商以个人名义建立的专营店。与此同时，随着网络零售市场中 B2C 比重的逐渐提高，浙江水产企业在第三方电商平台上组建的 B2C 旗舰店的数量和质量也在迅速的增长和提高。

2012 年，在天猫商城上建立旗舰店和专营店的浙江水产企业共 18 家，2013 年年底达到 32 家，2014 年新增 9 家达到 41 家。2014 年 6 月 17 日，浙江省水产流通与加工协会与阿里巴巴合作建立了“浙江名优水产电商平台”，标志着“浙江名优水产”天猫专营店正式上线运营。目前已与浙江兴业、宁波佳必可、宁波御龙、温州香海、瑞安华盛、温州晶品元、温州乐乐、苍南汤记码头、杭州好时鲜、嵊泗蓝海洋、舟山海洲、绍兴亲亲外婆、台州海之梦等十余家企业开展合作，已上架产品涵盖生鲜水产、冷冻水产、干制水产品、休闲食品、罐头产品、调味品 6 大类共计 80 多个品种。阿里巴巴（1688. com）是全球领先的采购批发市场，通过这个网站可以看到行业市场，在里面点击食品生鲜，会出来生鲜导航，里面有各种分类，点击你要买的产品即可。产品的信息非常详细，包括提供产品的企业信息。阿里巴巴计划在浙江省首先施行“千县万村计划”，该计划主要内容是指在未来 3~5 年内注入 100 亿元人民币，用于 1000 个县级电子商务运营中心和 10 万个村级电子商务服务站的建立，从而积极带动农村创业扩大农村就业机会，让“淘宝村”模式在全国范围推广。该计划将现在浙江省内先行设点实施，为浙江省发展水产品电子商务提供助力。

（2）在专业性水产网站基础上，构建电商交易平台。通过与大型专业水产网站，如中国水产信息网、浙江水产网、浙江水产养殖网、浙江渔业信息网等合作，在此基础上构建具有特色的舟山国际水产城水产品交易网站。

专业水产品网站的功能逐渐完善，如2010年创立的中国水产交易网，拥有会员企业2000余名，网站内的水产品从业人员用户数据已经上万，至今累计浏览总量已超过百万次。网站会员分布在全国各地，并且都是经营十年以上、具有一定的经营规模和经济实力的大中小企业。中国水产交易网是国内最大、最权威、最实用以及最规范的信息收集整理平台，致力于本行业的信息交流、推广与宣传。

浙江也有一些垂直型网站，例如浙江水产网、浙江水产养殖网、浙江省水产品流通与加工协会、浙江渔业信息网等。其中的水产信息类网站还可以跟水产交易类网进行合作，建立一站式的信息交易体系。

（3）以大型水产品中心批发市场构建电商交易平台。以大型水产品中心批发市场构建电商交易平台是指通过大型水产品中心批发市场自建平台的方式，发展水产品电子商务。一些较为成熟的水产品批发市场和商城是建设水产品电子商务平台的良好基础，2012年以前，浙江省曾建设了6个综合性网上水产品商城，受限于缺乏安全有效的电子支付方法和品质有保障的水产品物流配送体系，大部分网站并不具备能够真正实现网络交易的功能模块，只能作为企业和产品信息发布使用，目前仍然处于积极探索之中。例如浙江最大的水产品直接交易基地舟山国际水产城，早在2009年便建设和开通了水产品电子商务平台，但是由于当前制约电子商务发展的网络安全、物流配送、电子结算三大因素，该网站发展至今并未真正实现规模化的水产品线上直接交易，不过这些难题正在逐步得到解决。

（4）大型生产渔业企业建立垂直型电商交易平台。通过大型渔业企业如“中国渔业”和舟山市本地渔业企业“中国水产舟山海洋渔业公司”（“舟渔公司”）合作，在其基础上建立垂直型水产品电子商务交易平台。

具有优质品牌的大型生产渔业企业，以优质产品和品牌为核心，建立垂直型的交易平台，发展自己的品牌渔业是完全可行的。2005—2012年，浙江省水产企业曾自建网站200余个。提到阳澄湖，大家会想到大闸蟹，而“王氏水产”专注做大闸蟹，建立了自己的优质品牌。同时，企业自建网站与网店、各地政企合办的地域性水产门户网站等也纷纷涌现。而浙江也有自己的优势特色产品，如梭子蟹、黄鱼、带鱼、青蟹、甲鱼、乌龟、牛蛙等。这些特色优势产品和一批龙头企业是浙江发展电子商务的平台，是加快品牌渔业发展的重要基础。

2）舟山国际水产城电子商务平台构建方案优化选择

从以上论述对比可得出结论：欲开展良性的水产品电子商务，拓展和完善中国舟山国际水产城自身电子商务平台，加大其统一规模化建设是不二选择。

（1）水产城通过自身互联网电子商务平台及时展示和更新舟山水产品实时交易信息，使各水产品生产企业根据市场动态信息调整水产品生产，加强大型水产企业间B2B电子商务交易，有利于降低库存和交易成本，提高经济效益。

（2）还应该通过政府的政策支持，针对水产品网上交易的特点，丰富和完善中国舟山国际水产城自身电子商务平台的水产品线上直接交易系统，不断丰富和完善中国舟山国际水产城电子商务网站的信息展示、直接水产交易、网络支付和物流配送等功能，提高网站的服务水平，增强用户体验好感度，为消费者水产品的网络购物带来切实的便利和实惠。推动舟山的龙头水产品生产企业和渔业水产合作社积极参与中国舟山国际水产城的电子商务平台，支持和推广其以B2B和B2C两种模式参与到水产品的电子商务交易中来。

（3）利用舟山水产品市场自身特色和区位优势，积极开展B2B2C水产品电子商务模式，通过加强与国内大型第三方电子商务平台如天猫、淘宝的战略合作，建立中国舟山国际水产城—天猫、淘宝电子商务洽谈平台，并开设“中国舟山国际水产城特色海鲜馆”。加强和扩大中国舟山国际水产城的品牌形象和市场竞争力。随着交易模式的逐渐成熟，还可以与国外第三方电子商务平台网站如Amazon、eBay等合作，积极开拓海外水产品市场走国际化道路。

中国舟山国际水产城必须依靠自身力量和区位优势，才能突破水产品传统交易模式的局限性，真正走上规模化、功能完善的电子商务发展道路。随着中国舟山国际水产城电子商务的进一步发展，良好的用户体验、广阔的水产品企业市场参与度、安全绿色的网络交易环境，方便有保障的物流配送以及完善的售后服务体系，最终能够真正实现企业和消费者的互利共赢。这对带动传统水产渔业转型升级，促进舟山的水产品电子商务健康有序快速发展，引领舟山水产品电子商务全面服务地方经济和社会发展具有重要意义。

8.5.2　舟山国际水产城电子商务发展的保障措施

1）增加对水产品电子商务教育培训的投入

舟山的水产品生产加工企业，其从业人员多来自农村渔业专业户，普遍文化水平不高，电子商务相关知识相对匮乏，这极大地限制了舟山水产品电子商务的有效发展。第一，政府要从资金投入方面加大农村电子商务知识的教育，例如定期对农村渔业水产专业户开展免费的水产品电子商务知识讲座，提高他们的相关知识水平和电子商务实践能力。第二，强化广大的大学生村官的水产品电子商务相关知识培训，发挥其先进带头作用，在农村宣传和传授水产品电子商务相关知识。第三，要支持和鼓励当地大学生和从事水产品电子商务相关行业的外出务工人员进行返乡创业。第四，结合浙江省“电商换市”的举措，积极推进舟山水产品企业电子商务团队的培养和建设。

2）加大水产品安全生产和质量追溯体系建设

水产品电子商务发展的核心问题是水产品的安全生产和质量追溯体系建设，同时也是消除水产品交易信息不对称，解决交易过程中的诚信问题的关键所在。我国水产品安全与质量控制工作，虽然有显著进步，但仍远远落后于种植业。

中国舟山国际水产城相关部门应当从加强对水产品生产和交易的安全体系的管理入手，逐步做到水产品质量以及水产品的产地环境绿色和无公害，且水产品生产交易过程都要达到国家相关标准。积极引导参与舟山国际水产城电子商务平台的相关水产品企业建立水产品质量可追溯体系，逐步推动这些企业进行规模化生产。同时应依托政府等第三方检测部门对水产品质量进行动态监测，加大监督检查力度，并将检查结果透明公开，及时告知广大消费者，确保水产品的品质和安全。

3）从水产品物流运输特殊性入手进行突破和创新

水产品的物流运输要求严格，很大程度上要借助冷链物流来实现，而全国性的冷链物流网络在短期内很难建立和完善。因此，中国舟山国际水产城在当前的物流条件下，可以凭借自身的努力，从水产品物流运输特殊性入手进行突破和创新，来实现发展水产品电子商务的突破口。

（1）加大水产品加工技术创新，适当改变传统水产品的自身属性，逐步改进水产品保鲜的加工技术，开发适应当前市场的新型产品。通过关注消费者消费习惯的变化，改进产品形态，不断完善水产品加工产业链，积极推动中国舟山国际水产城走技术创新、品牌创新之路。

（2）开展食品保鲜新技术的研发，延长保鲜时间。包括产品包装方式的更新、物流工具的更新以及从源头开始质量管控体系的更新等。目前国内外新型保温箱、保温材料的开发进展日新月异，中国舟山国际水产城可根据自身的需求选择成本合理的解决方案。

（3）拓宽现有产品范围，延伸产品线。保证产品多样化，引导顾客提升单笔成交额，提高顾客的回头率，这样可以降低物流成本所占的比例，达到利润平衡点。对于专精于单一品种或少数品种的企业，可以采取区域合作或者行业合作的方式共同开发。

（4）根据水产品的保鲜期长短以及其对物流运输的要求高低，因地制宜地选择最合适的电子商务模式。比如鲜活水产品，尽可能选择 B2B、预售、定制等模式，把零散的消费转变成大宗采购，从而提高服务效率，降低物流成本，提高经济效益；而对保鲜期比较长的水产品如水产干货等还可以采取 B2C 模式和 C2C 模式。

4）加强公民诚信教育，建立起企业和消费者的诚信档案

舟山的水产品企业和消费者的整体道德诚信水平，极大地影响着舟山水产品电子商务的发展。在水产品电子商务交易过程中，随时存在着商家和消费者双方面的道德风险。如销售欺诈、谎报价格、恶意竞争以及消费者虚假购买，会极大地限制水产品电子商务的实施和发展。全面加强公民的诚信教育，提升消费者和企业双方的道德诚信水平，需要依靠政府的正面诚信教育和社会的公共道德约束机制双重作用。道德问题是非法律手段能解决的问题，有效的诚信道德社会约束机制需要建立完备的企业和居民诚信档案体系。大数据时代为建立完备诚信档案体系提供了条件，并对诚信道德低下的公民和企业行为起到了一定的约束作用。

5）加大对公民网上支付安全教育，积极发展第三方电子支付

加强对公民的信息技术和网络安全教育，使其掌握一定的网上支付的安全性知识。打击网络诈骗活动，减少网络支付不安全的事故，尽量减少网络安全的恐惧感，培养人们的网络支付习惯。大力扶植和发展第三方支付，满足人们对第三方支付的偏好，为网站开发者提供更多便利的选择。

6）加大城乡信息网络等基础设施建设的投入

随着生活水平的不断提高，城乡居民对互联网的需求日益强烈，对水产品电子商务网络购物的参与热情也空前高涨。但目前从整体上来看，城乡信息网络等基础设施还是分布不均，水平参差不齐。应该从以下几个方面来解决这个限制水产品电子商务快速发展的难题：首先，应加大互联网基础设施建设投入，在城乡广设互联网基站，确保宽带、无线、4G 等网络覆盖城乡各个地区；其次，政府部门应加大建设城乡信息网络工作相关的政策扶持，设立专项补贴基金，吸引更多的社会力量投入到农村信息化建设中来，为实现覆盖城乡的均等化网络基础设施培育优质的人才环境。

7）提高水产品企业组织规模化程度，加强企业间合作

舟山的水产品企业普遍存在组织化程度不高的问题，分散的水产品生产加工企业导致水产品生产和交易过程中物流运输成本增加，质量安全监管的难度加大，影响着企业规模化生产的进程，制约了舟山水产品企业电子商务进一步发展。因此，首先应通过渔业转型升级来提高舟山水产品企业组织化程度，引导其进行规模化生产，推动水产品龙头企业集群发展。同时，加强对水产品物流配送、质量安全检测等公共服务平台的建设。另外，还要进一步推进舟山水产品企业间跨区域的交流合作，使其互通水产品加工技术、共享渔业资源，从而实现共赢，为提高舟山整体水产品电子商务水平集体发力。

参考文献

阿里研究院. 农村网络消费报告 2015 [J]. 中国电信业, 2015, 12: 24-25.

艾·里斯, 劳拉·里斯. 垂直电商: 踌躇中前行 [J]. 销售与市场 (管理版), 2012 (10): 16-17.

艾瑞学院. 商变: 传统企业电商就该这样做 [M]. 北京: 机械工业出版社, 2014.

安森东, 贾欣. 中国特色渔业电子商务模式研究 [J]. 中国渔业经济, 2011 (01): 97-101.

白晓帆. 基于互联网平台鲜活水产品营销渠道创新研究 [D]. 大连: 大连海事大学, 2015.

白雪. 农业电子商务模式研究 [D]. 武汉: 华中师范大学, 2011.

白滟俊. 水产品电子商务发展存在的问题及对策——以霞浦县为例 [J]. 宿州学院学报, 2015, 30 (7): 34-36.

曹亚景, 王丽芹. 电子商务在中原经济区建设中的对策研究 [J]. 商, 2013, 19: 257.

曾叶明, 盛晏. 生鲜农产品电子商务研究综述 [J]. 安徽农业科学, 2015, 43, 498 (29): 341-343.

常燕亭. 食品安全若干法律问题研究 [D]. 福州: 福建师范大学, 2010.

陈宾. 福建省水产品冷链物流发展现状及对策 [J]. 物流技术, 2015 (9): 48-50.

陈松. 中国农产品质量安全追溯管理模式研究 [D]. 北京: 中国农业科学院, 2013.

陈彦渊. 我国电子商务环境下的农产品流通模式研究 [D]. 北京: 首都经济贸易大学, 2008.

陈瑜, 何静. 基于食品供需网的冷链可追溯体系构建研究 [J]. 云南农业大学学报: 社会科学, 2016, 10 (2): 64-67.

陈玉翠. 基于不完全信息动态博弈的海洋水产品安全问题研究 [D]. 青岛: 中国海洋大学, 2013.

陈志鹏. 我国乳制品质量安全控制问题研究 [D]. 扬州: 扬州大学, 2009.

程艳红. 美国生鲜电子商务模式研究 [J]. 世界农业, 2014 (8): 76-79.

池健. "店商+电商" 生鲜运营模式探讨 [J]. 信息与电脑, 2013 (7): 11-14.

崔婧. 生鲜电商差异化生存 [J]. 中国经济和信息化, 2013 (14): 54-55.

崔艳红. 网购生鲜农产品的感知风险维度及网络营销策略研究 [J]. 农业经济, 2016 (5): 138-140.

但斌, 郑开维, 刘墨林, 邵兵家. 基于社群经济的 "互联网+" 生鲜农产品供应链 C2B 商业模式研究 [J]. 商业经济与管理, 2016 (08): 16-23.

邓传红, 张庆, 刘蕾. 垂直电商在发展中存在的问题及改进建议 [J]. 财务与会计 (理财版), 2014 (12).

狄卫民, 王黎. 生鲜农产品物流网络优化的研究现状 [J]. 武汉商学院学报, 2014, 04: 30-33.

丁菊玲. 生鲜农产品的电子商务运营模式分析与设计 [J]. 福建电脑, 2014 (11): 161-163.

董啸天. 我国海水养殖产品食品安全保障体系研究 [D]. 青岛: 中国海洋大学, 2014.

斗牛士. 垂直电商，怕是 90%会死掉［J］. It 时代周刊，2014（3）：61-61.

杜青霞. 水产养殖环境的污染及其控制对策［J］. 建材与装饰，2016（8）.

杜姗姗. 消费者对乳品质量安全的支付意愿研究［D］. 呼和浩特：内蒙古农业大学，2010.

杜伟. 我国生鲜农产品电子商务发展中的用户体验问题研究［D］. 武汉：华中师范大学，2015.

杜昕诺，于三红. 韩家亮. 网购生鲜电子商务行业的新爆点［J］. 经营与管理，2014（5）：15.

范燕平. 我国水产品国际竞争力及出口影响因素分析［D］. 厦门：厦门大学，2008.

范永丽. 新疆农产品质量安全体系研究［D］. 乌鲁木齐：新疆农业大学，2005.

方芳. 淘宝 C2C 交易量的影响因素分析［J］. 电子商务，2012（10）：14-15.

方奇敏. 论舟山市水产电子商务发展：现状、机遇及策略［J］. 海洋开发与管理，2012（05）：140-144.

方一如. 生鲜农产品电子商务交易模式探析——以云南省为例［J］. 商场现代化，2015，5：67-69.

［62］田甜. 生鲜农产品电子商务模式探析［J］. 黑龙江生态工程职业学院学报，2015，7：11-12.

富芳，马尚平. 水产品电子商务销售模式的可行性分析及发展对策［J］. 农村经济与科技，2016，27（21）：124-126.

高辉. A 公司电子商务平台实施策略研究［D］. 成都：西南交通大学，2012.

耿春燕. 农产品质量安全信息体系建设研究［D］. 济南：山东农业大学，2006.

宫敏丽，金汉林. 基于供应链机制下舟山水产品冷链物流模式选择及对策［J］. 农村经济与科技，2013（3）：135-136.

宫谈飞，张良，毕建平，等. 国内外生鲜电商运营模式分析与启示［J］. 商场现代化，2014（27）：27-30.

关海玲，陈建成，钱一武. 电子商务环境下农产品交易模式及发展研究［J］. 中国流通经济，2010，（01）：45-47.

管红波，杨保安. 水产品电子商务模式分析［J］. 中国渔业经济，2009，27（2）：102-105.

郭灿华. 水产品批发市场发展电子商务的现状与前景探析［J］. 海洋渔业，2003（02）：66-68.

郭可汾，林洪. 基于信息不对称理论的水产品质量安全监管［J］. 中国渔业经济，2010（5）：65-73.

郭可汾. 基于食品安全法的水产品质量安全监管［D］. 青岛：中国海洋大学，2010.

韩智明，邵华清，国莉媛，等. 蔬果类生鲜农产品电商运营模式研究［J］. 中国管理信息化，2015（4）：170-171.

何先东，姜文波. 电子商务对流通模式的影响研究——以京东商城为例［J］. 商业经济研究，2012（27）：37-38.

贺峰. 中国农产品物流模式构建：基于批发市场的研究［J］. 农业技术经济，2006（05）：40-44.

洪涛，张传林，李春晓. 我国农产品电子商务模式发展研究（上）［J］. 商业时代，2014（16）：59-60.

洪涛，张传林，李春晓. 我国农产品电子商务模式发展研究（下）［J］. 商业时代，2014（17）：76-79+129.

洪涛. 电子商务流通渠道模式创新与优化［J］. 商场现代化，2013（z1）：127-131.
洪涛. 农产品网络零售及其模式创新［J］. 中国商贸，2014（07）：30-33.
洪勇，张永美，解淑青. 电子商务模式理论与实践［M］. 北京：经济管理出版社，2012.
洪勇，张永美，彭万峰. 电子商务模式案例［M］. 北京：经济管理出版社，2012.
侯杰玲. 李林. B2C电子商务生鲜农产品冷链物流服务质量评价研究［J］. 物流科技，2015（6）：10
胡书云，黄晖. 农产品电子商务模式研究［J］. 北方经济，2012（18）：37-38.
胡天石. 中国农产品电子商务模式研究［D］. 北京：中国农业科学院，2005.
胡拥军，高庆鹏. 国外农产品电子商务的发展及其对我国的启示［J］. 经济研究参考，2015（28）：6-10.
黄敏. 生鲜农产品电子商务运营模式优化研究［D］. 上海：上海工程技术大学，2015
黄勇. 基于安全与效率的武汉市水产品供应链结构优化研究［D］. 武汉：华中农业大学，2012.
贾茜，宋瑞雪. 新型B2B2C电子商务模式在促进鲜活农产品物流信息管理中的应用研［J］. 管理学家，2013（24）.
贾欣格，黄岳，邓丽明，等. 我国水产品电子商务模式的SWOT-PEST分析——基于对广东国美水产食品有限公司的实证调研［J］. 新经济，2016（11）：20-21.
姜晓峰. 水产品质量安全管理体系建设研究——以山东省荣成市为例［D］. 济南：山东农业大学，2011.
姜玥，章璇，王思思. 四种生鲜农产品网络零售模式的渠道结构差异研究［J］. 江苏商论，2015（07）：13-15+21.
剧希. 基于互联网+的优特农产品供应模式再造研究［D］. 石家庄：河北师范大学，2016.
雷婷，邢丘丹. 我国电子商务网上支付模式研究［J］. 长春师范学院学报（自然科学版），2009（10）：114-117.
李骜渤. 我国垂直型跨境电商企业盈利能力分析［D］. 杭州：浙江大学，2016.
李博. 生鲜电商行业发展研究［D］. 北京：中国社会科学院研究生院，2014.
李丹宇. 水产品供应链安全风险管理研究［D］. 华南理工大学，2011.
李电生，夏国建. 基于灰色关联熵的水产品贸易与物流耦合性研究［J］. 统计与决策，2010（2）：55-57.
李娇娇. 农超对接模式下生鲜农产品供应链优化研究［D］. 成都：成都理工大学，2015.
李梦蝶. 生鲜农产品移动电商发展模式研究［J］. 物流工程与管，2014（3）：15.
李楠，李佳洁. 我国网购生鲜农产品的发展概况分析［J］. 中国食物与营养，2016（01）：59-53.
李鹏程. C2C模式下的商家信用评价体系探讨——以淘宝网为例［J］. 商场现代化，2015（14）：18-19.
李铁克，王晶. B2B电子商务模式研究［J］. 工业技术经济，2001（05）：70-71.
李伟. 我国食品安全的政府监管研究［D］. 北京：首都经济贸易大学，2005.
李蔚薇，马尚平. 浙江水产品电子商务发展的制约及其对策［J］. 农村经济与科技，2016，27（21）：114-116.

李香，宋怿，黄磊，等. 国外水产品质量安全可追溯体系对我国的启示［J］. 中国渔业经济，2010（4）：92-97.

李萧然. 垂直电商哀鸿遍野 委身电商平台存变数［J］. It时代周刊，2013（z2）：35-36.

李萧然. 垂直电商受巨头压制乐蜂网模式难效仿［J］. It时代周刊，2013（14）：41-42.

李小锋. 农产品电子商务模式选择的影响因素分析［D］. 华中农业大学，2014.

李小玲，于澄清，吴宗森. 海南省特色水产品电子商务模式研究［J］. 现代商业，2015，5：89-90

李晓晟，杨黎民，白良义. 超市主导的生鲜农产品供应链研究［J］. 兰州学刊，2009，09：76-78.

李鑫璇，杨美丽. 舟山水产品电子商务市场建设初探［J］. 农村经济与科技. 2015，5：78-79

李旭辉，电子商务销售方式下浙江省生鲜农产品供应链模式研究［D］. 杭州：浙江农林大学，2012

李业荣. 云南省农产品质量安全问题探析［J］. 经济研究导刊，2012（27）：145-146.

李煜. 中日生鲜农产品流通体系的比较研究［D］. 成都：西南交通大学，2011.

李媛，李纶. 浅析垂直电商的交互设计［J］. 中国商论，2013（24）：92-93.

李越. 论我国食品安全监管之完善［D］. 长春：吉林大学，2011. 4

李志勇，孙海长. 浅析我国电子商务物流的发展趋势、问题及对策［J］. 商场现代化，2006，23：160.

历岩，王高飞. 对于我国生鲜有机电商发展的思索和建议［J］. 中国管理信息化，2013（14）：85-86.

林笑. 农村电商又迎政策红利［J］. 农经，2015（7）：58-60.

刘德宝. 推进水产健康养殖稳步发展若干措施［J］. 黑龙江水产，2016（2）：19-21.

刘桂清.《电子商务发展“十一五”规划》亮点透析［J］. 上海企业，2007，08：28-29.

刘欢，马兵，宋怿，等. 完善我国水产品质量安全检验检测体系建设的研究与思考［J］. 中国渔业经济，2010（5）：74-78.

刘慧萍，韩学平. 农产品质量安全认识误区与矫正的法律思考［J］. 农业经济，2009（11）：30-32.

刘景景，王晓睿，袁航. 消费者生鲜农产品网购行为及频率的影响因素分析——基于中国27省420个消费者样本的调查［J］. 中国食物与营养，2016，22（12）：48-53.

刘军弟，王凯，韩纪琴. 消费者对食品安全的支付意愿及其影响因素研究［J］. 江海学刊，2009. 5

刘鹏. 我国农业电子商务网站现状与服务模式研究［D］. 北京：中国农业科学院，2009.

刘熙. 天津塘沽地区水产品质量安全监管问题研究［D］. 天津：天津大学，2013.

刘修煌. 电子商务模式的分类、应用及其创新［J］. 现代经济信息，2015（01）：391.

刘艳秋，张一兰. B2C电子商务物流配送模式研究［J］. 物流科技，2006（09）：60-62.

刘真国. 生鲜农产品双渠道供应链博弈与协调研究［D］. 杭州：浙江工商大学，2015.

柳俊，王求真，陈珲. 基于内容分析法的电子商务模式分类研究［J］. 管理工程学报，2011（03）：200-205.

卢卫平，吴维宁. 再论水产电子商务与网上渔市［J］. 上海海洋大学学报，2004，13（3）：244-249.

陆一夫. 垂直电商两极分化［J］. 新经济，2014（33）：40-41.

罗斌. 关于我国农产品认证的概述［J］. 农产品质量与安全，2004（3）：29-31.

马存. 广西农业产业化中的电子商务应用及对策研究［D］. 南宁：广西大学，2013.
马会杰. 中国农产品电商园区发展报告（2015）［J］. 电子商务，2016（11）：9-11.
马赛平. 我国农产品质量安全保障体系建设研究［D］. 长沙：湖南农业大学，2008.
马晓丽. 我国农产品市场信息不对称问题研究［D］. 济南：山东农业大学，2010.
毛宁. 试论农产品电子商务发展的法律保护［J］. 黑龙江畜牧兽医，2016（8）：282-283.
孟凡新，涂圣伟. 当前网络消费发展的问题、趋势与建议［J］. 宏观经济管理，2014（2）：35-37.
苗倩文，邓立国. 电子商务模式研究［J］. 信息与电脑（理论版），2011（05）：155+157.
闵庆飞. 电子商务：新兴技术环境下的机遇与挑战［M］. 北京：清华大学出版社. 2013.
聂林海. "互联网+"时代的电子商务［J］. 中国流通经济，2015（6）：53-57.
牛林伟，张晓忠. 基于供应链的水产品质量安全控制体系探究［J］. 河北农业大学学报（农林教育版），2011，13（4）：38-40.
欧阳涵婧. 浙江省出口水产品质量安全保障体系研究［D］. 青岛：中国海洋大学，2014.
潘人杰. 电子商务 F2b2C 模式研究——以家电行业为例［D］. 青岛：中国海洋大学，2013.
彭璧玉. 我国农业电子商务的模式分析［J］. 南方农村，2001（06）：37-39+44.
彭丽霞. 我国冷链物流发展现状及对策研究［D］. 石家庄：河北工程大学，2011.
彭政. 环洞庭湖区水产品电子商务平台研究与实现［D］. 长沙：湖南大学，2012.
祁胜媚. 农产品质量安全管理体系建设的研究——以扬州市为例［D］. 扬州：扬州大学，2011.
裘陈. 食品安全领域社会中间层主体法律规制研究［D］. 杭州：浙江财经学院，2009.
任保才. 农资电子商务平台的设计与分析［D］. 郑州：河南农业大学，2013.
任峰. 食品安全监管中的政府责任［D］. 长春：吉林大学，2011.
邵征翌，林洪，孙志敏. 利用第三方认证提高水产品竞争力［J］. 中国渔业经济，2006（5）：52-54.
邵征翌. 中国水产品质量安全管理战略研究［D］. 青岛：中国海洋大学，2007.
沈坤华. 生鲜电子商务发展的对策［J］. 经济研究导刊，2013（26）：193-194.
沈媛. 我国水产品流通过程中的质量安全影响因素分析［D］. 上海：上海海洋大学，2014.
石章强，张军. 垂直电商：绝壁求生计［J］. 销售与市场（管理版），2014（2）：75-77.
宋大维. 中外食品安全监管的比较研究［D］. 北京：中国人民大学，2008.
宋启祥，芮凯. 基于物联网的蔬菜质量安全追溯系统设计［J］. 宿州学院学报，2016，31（2）：100-103.
苏静，王宇静. 电商时代传统企业 O2O 之道［M］. 北京：电子工业出版社. 2014.
苏清. 聚美优品公司盈利模式研究［D］. 石家庄：河北经贸大学，2016.
苏昕. 我国农产品质量安全体系研究［D］. 青岛：中国海洋大学，2007.
孙安妮. 我国鲜活农产品流通模式创新研究［D］. 北京：首都经济贸易大学，2016.
孙宝国. 食品添加剂与食品安全［J］. 中国食品添加剂，2011，58（s1）：34-38.
孙波. 中国水产品质量安全管理体系研究［D］. 青岛：中国海洋大学，2012.
孙琛，邢华林. 鲜活农产品流通渠道演变与交易成本关系的研究——以鲜活水产品为例［J］. 广东农业科学，2013，40（14）：216-219.
孙艳霞. 电子商务模式研究综述［J］. 现代管理科学，2012（05）：59-61.
孙志敏. 中国养殖水产品质量安全管理问题研究［D］. 青岛：中国海洋大学，2007.
谭本艳，文雅. 中国生鲜农产品电商发展的现状与对策［J］. 世界农业，2016（3）：181-184
谭向东，袁敏. 水产品物流冷库的发展现状与展望［J］. 河南水产，2014（1）：34-36.
陶安，殷彬，林宁. 电子商务支付模式研究［J］. 大众科技，2006（07）：87-88.
田华，周瑞琪，朱柏青. 发达国家冷链物流发展的成功经验及启示［J］. 价格月刊，2016（4）：68-71.
汪传雷，李向阳. 电子商务模式研究与模式创新［J］. 商业研究，2000（7）：122-123.
汪旭晖，张其林. 电子商务破解生鲜农产品流通困局的内在机理——基于天猫生鲜与沱沱工社的双案例比较研究［J］. 中国软科学，2016（02）：39-55.
汪之和，张饮江，李勇军. 水产品保活运输技术［J］. 渔业现代化，2001（2）：31-34.
王成，罗斌. 信息化下农业电子商务平台建设模式分析与探讨［J］. 科技和产业，2006（01）：56-59.
王崇锦. 我国农产品电子商务模式研究［D］. 武汉：华中师范大学，2013.
王玎，高永超. 水产品可追溯体系的信息记录要求与实例验证［J］. 标准科学，2015（12）：40-42.
王方杰. 电子商务环境下生鲜产品定价模型研究［D］. 重庆：重庆师范大学，2016.
王国庆，兰叶. 我国农产品电子商务创新模式研究综述［J］. 商业经济研究，2014（31）：56-57.
王海明. 第三方电子商务企业人才流失分析［D］. 郑州：郑州大学，2007.
王君霞. 鹤壁市农产品检测发展现状与建议［J］. 中国农业信息，2013（9）：165-165.
王丽明. 基于消费者行为的网络营销策略分析［J］. 科技广场，2012（2）：156-159.
王庆刚，张林，张剑. 基于移动互联网的农业电商系统设计与实现［J］. 计算机应用，2016（s1）：286-290.
王韶辉. 重新发现垂直电商［J］. 新财经，2014（1）：72-75.
王文彬. 做大渔民“朋友圈”念活网络致富经［J］. 渔业致富指南，2016，9：18-20
王小杰. 我国农产品质量安全管理体系研究［D］. 济南：山东师范大学，2014.
王小宁. 内蒙古自治区食品安全监管问题研究［D］. 呼和浩特：内蒙古大学，2016.
王晓红. 农业产业化龙头企业电子商务模式应用研究［J］. 现代情报，2012（04）：110-113.
王岩. B2B 电子商务交易平台物流模式研究［D］. 北京：首都经济贸易大学. 2011.
王昳. 对于我国生鲜电商发展的建议［J］. 商场现代化 2014（6）：30.
王媛，王明宇. 垂直电商的形势分析与走向探究［J］. 中国商论，2015（7）：48-50.
吴传淑. 国外生鲜电商发展模式探析［J］. 世界农业，2015（5）：136-138.
吴丘林. 浅谈我国电子商务模式［J］. 江苏商论，2008（35）：99-99.
吴玉刚. 电子商务在我国农产品贸易中的应用研究［D］. 合肥：安徽农业大学，2001.
奚伟，荣芳. 从价值链角度分析 B2B 和 B2C 电子商务模式——兼谈我国企业的电子商务发展策略［J］. 清华大学学报（哲学社会科学版），2000（04）：72-76.

肖芳. 专业化服务：垂直电商的下一站［J］. 互联网周刊，2013（14）：54-55.

肖芳. 解析生鲜电商四种模式［J］. 互联网周刊，2013，09：50-51.

肖筱. 生鲜农产品本地化网络零售模式的探索研究［J］. 中国商论，2015（17）：79-82.

谢宁. 我国餐饮业食品安全监管研究［D］. 开封：河南大学，2012.

徐建堂. 山东省农产品质量安全监控体系研究［D］. 北京：中国农业大学，2005.

徐世艳，赵泽民，耿方梅，童少娟，郑丹. "互联网+" 背景下农民合作社营销模式研究［J］. 青岛农业大学学报（社会科学版），2015（05）：1-5.

许颖. "互联网+" 下江西特色农产品的物流模式选择研究［D］. 南昌：华东交通大学，2016.

薛国友. 电子商务环境下中小企业营销模式及策略的研究［J］. 商场现代化，2013（11）：105-106.

杨诚，孟晓丽. 我国 O2O 电子商务模式探究［J］. 网友世界，2013（23）：88-88.

杨光. "十三五" 五大走势引领互联网［J］. 计算机与网络，2015，41（22）：4-5.

杨浩雄，王晶. 大都市鲜活农产品电子商务体系构建研究［J］. 广东农业科学，2012，39（7）：221-222.

杨浩雄，张梦楠. 新型 B2B2C 电子商务模式在促进鲜活农产品物流信息管理中的应用研究［J］. 湖南农业科学，2012（13）：123-124.

杨辉鹏，汪利虹. 基于网购的鲜活水产品流通模式创新研究［J］. 物流工程与管理，2012（12）：56-59.

杨静，刘培刚，王志成. 新农村建设中农业电子商务模式创新研究［J］. 中国科技论坛，2008（08）：117-121.

杨铿，杨晋丽. 垂直电商发展路径探析［J］. 江苏经贸职业技术学院学报，2014（4）：5-7.

杨莉莉. 区域生鲜农产品物流模式研究——以重庆市为例［D］重庆：. 重庆交通大学，2014.

姚斌. 生鲜农产品 O2O 运作模式的研究［D］. 杭州：浙江工业大学，2015.

叶超，黄硕琳，苏含秋. 基于电子商务的水产批发市场流通模式研究［J］. 广东农业科学 2015，5：169-173

殷锋社，李选芒. 农产品电子商务模式分析与研究［J］. 电子设计工程，2011（12）：32-34.

尹志洁. 农产品质量安全信息不对称与对策研究［D］. 北京：中国农业科学院，2008.

余焕玲，张卫民. 食品安全概念解析及食品安全保障体系的建立［J］. 卫生职业教育，2016. 4

余建斌. "互联网+" 的 N 个关键词［J］. 时代青年：视点，2015（12）：5-5.

余思佳. 中国养殖水产品质量安全管理体制研究［D］. 上海：上海海洋大学，2014.

袁晓萍. 基于 RFID 的水产品追溯系统的研究与实现［D］. 上海：中国海洋大学，2011.

苑毅. 垂直电商的品牌塑造研究［J］. 商业经济研究，2016（9）：54-56.

张惠才. 中国食品安全管理体系认证制度研究［D］. 天津：天津大学，2006.

张莉. 电子产品垂直电商平台的设计与实现［D］. 长春：吉林大学. 2015.

张玫，霍增辉，宋明顺. 浙江省海水养殖户质量安全控制行为及其影响因素分析［J］. 农业现代化研究，2016，37（2）：318-324.

张娜娜. 电子商务模式创新关键成功因素的概念模型［J］. 技术经济，2016（02）：29-33.

张倩. 陕西省生鲜农产品冷链物流网络优化研究［D］. 西安：陕西科技大学. 2013.

张清. 水产品质量安全问题值得重视［J］. 山东省人民政府公报，2009（5）：46-47.

张世龙，孙亚贤，原居林. 浙江省渔业发展模式转变及其对策研究［J］. 中国渔业经济，2016. 10

张世龙、马春燕、马尚平. 城乡资源配置的评价与分析——基于中国省际数据的实证研究［J］. 经济学家，2010（9）：56-61.

张世龙，马尚平，石纳芳. 产业发展周期与发展中国家产业成长［J］. 经济理论与经济管理，2004（6）：38-41.

张同秀. 产品质量与产品安全辨析［J］. 中国质量技术监督，2016（2）：50-53.

张卫. 生鲜消费趋势报告发布三因素决定平台满意度［J］. 中国食品，2016（20）：102-107.

张西林，徐州市生鲜果蔬销售企业电子商务发展模式研究［J］. 物流工程与管理，2016，11：90-93

张小栓，邢少华，傅泽田等. 水产品冷链物流技术现状、发展趋势及对策研究［J］. 渔业现代化，2011（3）：45- 49

张艳茹. 浙江舟山水产业电子商务深度应用的研究［J］. 安徽农业科学，2010（25）：14116-14117+14138.

张燕. 互联网时代生鲜农产品线上线下融合研究［J］. 物流工程与理，2015（07）：165-166.

张益丰. 生鲜果品电商销售、农户参与意愿及合作社嵌入——来自烟台大樱桃产区农户的调研数据［J］. 南京农业大学学报（社会科学版），2016（01）：59-58+163-165.

张永江，邹勇. 江苏省水产品“互联网+可追溯”体系建设情况［J］. 科学养鱼，2016，V32（1）：3-5.

章舜仲. 基于 EBPP 的电子商务支付模式研究［J］. 情报杂志，2006（09）：96-98.

赵冕. 生鲜产品电子商务模式研究［D］. 青岛：中国海洋大学，2015.

贞元. 垂直电商四面突围［J］. 商界（评论），2014（8）：78-80.

郑火国. 食品安全可追溯系统研究［D］. 北京：中国农业科学院，2012.

郑建明. 欧美国家水产品质量安全政府规制经验分析［J］. 世界农业，2016（4）：125-129.

郑开涛，刘世洪，聂秀萍，陈涛. 生鲜农产品电子商务模式创新研究［J］. 农业展望，2016，8：77-80

郑书伟. 浙江省水产品质量安全管理问题研究［D］. 福州：福建农林大学，2016.

周全. 水产电子商务与网上渔市［J］. 养殖与饲料，2004（12）：25-28.

周善祥. 建立我国水产品追溯方法的相关研究［D］. 青岛：中国海洋大学，2007.

周真. 我国水产品质量安全可追溯体系研究［D］. 青岛：中国海洋大学，2013.

朱爱意. 水产品活体运输设备与技术的研究与开发［D］. 青岛：中国海洋大学 2010.

宗宁. 垂直电商的死路与活法［J］. 商界（评论），2013（3）：112-114.

邹琦. 南昌市水产养殖业的现状及质量安全问题分析［D］. 南昌：南昌大学，2008.

Alexandre, Gohinand Herve, Guyomard. Measuring Market Power for Food Retail Activities: French Evidence, Journal of Agneultura1 Eeonomies, 2000, 51: 181-195.

Anderson, Joan Gray , JamesL. Anderson. Seafood Quality: issues for consumer research［J］. The Journal of Consumer Affairs, 1991.

Andy Lake. Advances in Spatial Science [A]. in: Road Pricing, the Economy and the Environment [M]. 2008: 375-393.

Annandale, D. Mining company APProaches to environmental APProvals regulation: a survey of senior environment managers in Canadian. Resources Policy, 2000.

Anonymous. Supply Chain Reliability [J]. Chain Store Age. 2004. 7

Becker, Annie. ElectronicCommerce: Concepts, Methodologies, ToolsandAPPlications [M]. 2007.

CarlShapiro. Information Rules: A Strategie Guide to the Network Economy [M]. Harvard Business School Press, 1999.

Caswell J. A. Valuing the benefits and costs of improved food safety and nutrition. The Australian Journal of Agricultural and Resource Economics, 1998.

Dave D . Weatherspoon and Thomas Reardon: The Rise of Supermarkets in Africa : Implications for Agrifood Systems and the Rural Poor, Development Policy Review , 2003 . pp. 155-167.

Elsa Rodnguez, MjnamBegres, Kanna Casellas, Rosangela Di Paola, Beatriz Lu Pln, Laura Garrido and Nataeha Gentile: Consumer Behaviour and Supermarkets In Argentina, Development policy Review, 2002, 20 (4): 429-439.

Fisher C E. Risks from chemicals in food: C. E. Fisher discusses risks and hazards from a UK perspective [J]. Food Control, 1992, 3 (1): 7-9.

FRANZ HADACEK, Inderjit, Mallik, A. U. (eds). Chemical ecology of plants: allelopathy in aquatic and terrestrial ecosystems, Ann. Bot., Oct 2003, 92: 625 - 626.

G. Perhar, G. B. Arhonditsis, Aquatic ecosystem dynamics following petroleum hydrocarbon perturbations: A review of the current state of knowledge, Journal of Great Lakes Research, Volume 40, Supplement 3, 2014, Pages 56-72.

Gisela Grupe, Dirk Heinrich, JorisPeters, A brackish water aquatic foodweb: trophic levels and salinity gradients in the Schlei fjord, Northern Germany, in Viking and medieval times, Journal of Archaeological Science, 2009, 36 (10): 2125-2144.

Golan E, Kissof B, Calvin L, et al. Traceability in the U. S. A food supply: economic theory and industry studies [J]. Agricultural Economic Report, 2004.

Goodwin Jr, H. L., Shiptsova, Rimma. Changes in Market Equilibria Resulting from Food Safety Regulation in the Meat and Poultry Industries. the International Food and Agribusiness Management Review, 2002

Hayek, D. J, J. F. Shogren, S. Y. Shin, J. Kliebenstein. Valuing Food Safety in Experimental Auction Markets. American Journal of Agricultural Economics, 1995.

Henson, S. &Hook, N. H. Private Sector Management of Food Safety: Public regulation and

Henson, S. J., G. Holt. Exploring Incentives for the Adoption of Food Safety Controls: HACCP Implementation in the UK Dairy Sector. Review of Agricultural Economics, 2000

Jason Henderson, Frank Dooley, and Jay Akridge, Internet and E-Commerce Adoption by Agricultural Input

Firms, APPl. Econ. Perspect. Pol., Winter 2004, 26: 505 - 520.

John T. Hardy, Eric A. Crecelius, Liam D. Antrim, Steven L. Kiesser, Virginia L. Broadhurst, Paul D. Boehm, William G. Steinhauer, Theodore H. Coogan, Aquatic surface microlayer contamination in chesapeake bay, Marine Chemistry, 1990, 28 (4): 333-351.

Kennedy E, Bouis H, von Braun J. Health and nutrition effects of cash crop production in developing countries: a comparative analysis. [J]. Social science & medicine (1982), 1992, 35 (5).

L M APPlegate. E-business Models: Making sense of the internet business landscape. In: Gary W Dickson and Gerardine DeSanctis, information technology and the future enterprise : new models for managers , [M]. Prentice-Hall, 49-94.

Laurence Irving, Chapter 2 - AQUATIC MAMMALS, Comparative Physiology of Thermoregulation, 1973, Pages 47-96.

Maria Mastalerz, AgnieszkaDrobniak, Vertical variations of mercury in Pennsylvanian coal beds from Indiana, International Journal of Coal Geology, 2005, 63 (1-2): 36-57.

Modahl, Mary. Now or never: how companies must change today to win the battle for the Internet consumer [M]. New York : Harper Business, 2000.

RAYPORT J F. The truth about internet business mod-els [J]. Strategy and Business, 1999, 16 (3): 5-7.

Regulation (EC) No 853/2004 of the European Parliament and of the Council of 29 April 2004 laying down specific hygiene rules for on the hygiene offoodstufs [J]. Oficial Journal of the European Union.

Segerson, K. Mandatory versus Voluntary APProaches to Food Safety. Agribusiness, 1999.

Shelley Clarke. Understanding China' s fish trade and traceability [M]. Hong Kong, China: TRAFFIC East Asia, 2009.

Starbird, S. A. Designing Food Safety Regulations: The Effect of Inspection Policy and Penalties for non-Compliance on Food Process or Behavior. Journal of Agriculture and Resource Economics, 2000.

the Role of Private Controls. The International Fod and Agribusiness Management Review, 2001. 4.

Thomas Reardon and Julio A . Berdegue: The Rapid Rise of Supermarket in Latin America : Challenges and Opportunities for Development, Developmen t Policy Review , pp371-388 , 2002 .

Towle, Castic H K /, Samuel R. Mobile Commerce Faces Increased Privacy Scrutiny [J]. Computer Law Review International, 2012, 13 (3): 72-78.

W. SEAMAN JR., L. M. SPRAGUE, 1 - Artificial Habitat Practices in Aquatic Systems, Artificial Habitats for Marine and Freshwater Fisheries, 1991, Pages 1-29.

Y Song, L Huang, R Yan, FU Xiaoping. Industry upgrade of aquaculture under the mode of fresh food electronic commerce [J]. Chinese Fishery Quality & Standards, 2016: 12-16.

后　记

本书稿完成并呈交出版社时正值毕业季，由于时间关系本没打算写后记，但本研究历时三年，凝聚了众多人的心血，特别是许多研究生都不同程度地参与了课题研究和本专著的撰写过程，这里面满载着我们共同研究的成果和师生情谊，眼看就要离别，甚是不舍。这后记首先是对与研究生们共同研究过程的怀念和对他们的祝福与感谢，特别感谢各届研究生朋友们的陪伴与共同奋斗！毕业晚宴上我们几位女教授聊起退休的事情，掐指算来，这本书应该是我职业生涯中最后一次出版学术专著了，所以感觉必须写点什么以示纪念。回顾几十年的职业生涯，感慨良多：概人生苦短，感今生幸运！

自1998年进入湖北省社会科学院农村经济研究所研习，我的人生轨迹就发生了转折，从一个实际工作者一步步成长为一位学术工作者；2001年研究生毕业进入杭州电子科技大学从事教学科研工作，一扎就是13年整，在这里我从原来的经济师转变为讲师，晋升为副教授，担任MBA、技术经济与管理和产业经济学等专业硕士研究生导师，由于受教于湖北省社会科学院夏振坤、邹进泰等各位导师，基于学术传承，我一直致力于农村经济发展及城乡协调发展领域的研究，主持完成国家社会科学基金项目“城乡资源配置不均衡及对策研究”，虽然成长比较缓慢，但确实是我人生中最重要的13年；2013年随夫一同被引进到位于海上花园城市–舟山群岛新区的浙江海洋大学继续着我们的教学科研生涯，并晋升为教授。

学术生涯20年，但凡取得些许成绩，都离不开亲友们的支持与帮助，借此机会向他们表达我的感恩之情！

首先是我的丈夫，他不仅是我的夫君，亦是良师益友，又是人生导师和学术引领人！我们19岁相识，26岁结婚，一路走来，风雨同舟，互相扶持，相濡与沫。如今已年过半百，回顾我每取得的一点点成绩都离不开他的支持与帮助，平时很难将“谢”字说出口，借此机会我要对他表达我由衷的感激之情，捧出我的感恩之心说一声“亲爱的，你辛苦了！”

再就是我的公婆，说我婆婆是这个世界上最伟大的母亲一点不为过，是远近闻名的“好婆婆”！从孝敬父母，照顾老伴儿，体谅子女，教养孙子等，都是我们大家学习的楷模，她豁达的性格、宽阔的胸襟、任劳任怨的人生态度是你我都望尘莫及的。我最尊敬的公公，曾在教育一线工作，他多才多艺，情操高尚，德高望重，无耐晚年病魔缠身，但他却能以坚强的毅力与病魔抗争，与婆婆一道为我们坚守后方！他们的支持和理解是我工作的最大动力，千言万语也难以表达我对二老的敬仰与感激之情，借此宝地祈愿他们身体健康，晚年幸福！

还有我的父母，一提到父母我就深感内疚，我从上中学后就很少在他们身边，后来工作了也是越来越远，开始几年，他们还盼着我能调回离他们近一点，可后来也就没盼头了，每年仅有的一两次假期探望就成了他们最幸福的期望！每当我在电话里听到“你们好好忙，放假了就回来看看哦”就忍不住心酸，特别是在他们生病最需要女儿照顾的时候我却远在他乡。尽管如此，他们却从不忘记从精神上给予我力量，电话里总是说“不要担心我们，我们会照顾好自己的，你们要安心工作，为国家培养好接班人”（这是母亲的原话）。在此我抱拳向二老说一声“对不起，感谢您们的理解与支持！”

还最应该感谢的一位就是我的弟弟，他可谓是我人生的大贵人，在我人生的几个关键点是他的努力与帮助才改变了我的命运。我虽为姐姐，但总是他在支持和鼓励我，也难怪别人说他是我哥哥，每当我这边遇到困难的时候我第一个想到的就是他，他也是竭尽所能给我与最大的帮助与支持。当然弟弟的帮助离不开弟媳的鼎力支持，弟媳也是我们聪明、漂亮、能干的小妹，在工作和生活上都给予了我无私的帮助，在此一并致以真诚的感谢！

还要感谢我的儿子，他从小身体健康、聪明活泼、独立自强，特别是懂事以来特别令人省心，自己的事情自己处理，遇到再大的困难总是自己扛着，生怕我和他爸担心，在国外读书的几年，自己半工半读，学业也没耽误。回国后自己创业，他全靠自己摸索市场，凭借自己的创业热情和拼劲，勤奋钻研，敢闯敢干，终于找到了适合自己的商业模式，并已小有成就，令我十分欣慰！

最后要感谢的是这么多年工作生活过的每一个地方的人和事，那里有我尊敬的领导，亲爱的同事，特别可爱的学生们，我要再次感谢他们一路的相伴与支持！谨以此书献给所有关心和支持过我的人们，同时也献给所有的水产品经营者和消费者！

马尚平

于舟山长峙岛

2018 年 5 月